¡ATRÉ…

"Si estás comprometido en 'hacer crecer tu negocio' y quieres lograr cada vez más ventas, invierte tu tiempo en esta lectura y aplica las estrategias aquí propuestas. Nuestro equipo de ventas asistió a un programa de entrenamiento diseñado por Alice especialmente para nosotros basándose en sus estrategias y en el trascurso de tres semanas noté un cambio en la actividad y el enfoque del grupo. Ella cuenta con la capacidad para relacionarse con situaciones de venta propias de la vida real y fue así como nos proporcionó soluciones que pudimos poner en práctica de inmediato. ¡Y alcancé mi RSI!"

—Ecky Pilz, Presidente de Care Factor Computer Solutions

"¡Este es un libro magistral que te dará justo lo que necesitas para alcanzar la excelencia en las ventas! El comprobado historial de éxito de Alice Wheaton la califica para ser tu mejor entrenadora. Con las herramientas que obtendrás aquí te será posible desarrollar la confianza y la competencia necesarias para ayudarles a tus clientes a alcanzar sus metas a medida que tú alcanzas las tuyas. Alice les ha prestado un enorme servicio a innumerable cantidad de grupos de ventas, y si tú lo decides, ¡tú también te beneficiarás!
¡Atrévete a rechazarme! es un libro indispensable en tu biblioteca personal".

—Judy Bush, Administradora y Entrenadora en Ventas

"Qué grata sorpresa descubrir que la información contenida en esta obra no solo es aplicable a mi equipo de ventas, sino a todos los empleados de mi organización. Y además puede aplicarse con gran efectividad a la vida diaria ya que por lo general, sin importar cuál sea nuestra profesión, todos estamos involucrados de una manera u otra en el campo de las ventas, ¡y estas estrategias nos ayudarán a avanzar cada vez más confiados hacia lograr nuestras metas!"

—Terry O'Grady, Presidente y Director de Operaciones de Stone Creek Properties

"¡Atrévete a rechazarme! te enseña cómo aumentar tus ventas con mayor rapidez y facilidad que cualquiera de tus competidores en el mercado. Cuando sabes cómo superar obstáculos, tu éxito en las ventas es simple cuestión de tiempo".

—Brian Tracy, autor de *El poder de confiar en ti mismo*

"Como lo señala Alice Wheaton, debes sentirte confiado cuando un cliente potencial te dice que no puesto que ese es justo tu primer paso hacia lograr ¡que te diga que sí! Muchos renuncian al recibir ese primer no, pero los lectores de ¡Atrévete a rechazarme! saben que esa es apenas la mitad del camino hacia cerrar el negocio. Felicitaciones a Alice por presentarnos este novedoso material que, sin duda, recibirá elogios alrededor del mundo".

—Jay Conrad Levinson, autor de la serie de libros *Marketing de guerrilla*

"¡Qué descubrimiento! Cualquiera que esté luchando por vender sus productos o servicios a causa de las negativas que recibe NECESITA leer este libro ahora mismo. ¡Atrévete a rechazarme! debe convertirse en la guía indispensable para aprender a superar objeciones, miedos y cualquier tipo de autosabotaje. ¡Adquiérelo ya!"

—Joe Vitale, Autor del bestseller *Mercadotecnia espiritual*

"Alice Wheaton ha escrito un libro que no puedes negarte a leer ya que su experticia radica en cómo superar el rechazo, la objeción y el abatimiento. Así que deja de resistirte, léelo y aprende de la mejor maestra sobre cómo venderle a cualquiera y bajo cualquier circunstancia".

—Alan Weiss, Ph.D., autor de *El Efecto Maverick*

ALICE WHEATON

¡ATRÉVETE A RECHAZARME!

Qué hacer para convertir un "NO" en el comienzo del "SÍ"

TALLER DEL ÉXITO

¡Atrévete a rechazarme!

Título original: *Say no to me.*

Publicado por:
Taller del Éxito, Inc.
1669 N.W. 144 Terrace, Suite 210
Sunrise, Florida 33323, U.S.A.
www.tallerdelexito.com

Editorial dedicada a la difusión de libros y audiolibros de desarrollo personal, crecimiento personal, liderazgo y motivación.

Diseño de carátula y diagramación: Gabriela Tortoledo
Edición y corrección de estilo: Nancy Camargo

ISBN 10: 1-607383-72-1
ISBN 13: 978-1-60738-372-7

Printed in the United States of America
Impreso en Estados Unidos

17 18 19 20 21 R|UH 06 05 04 03 02

Contenido

Este libro está dedicado a alguien que supo cómo hacer más fácil mi camino hacia el éxito en mis negocios.

Darrell Benett, mi buen amigo, ha sido una constante fuente de motivación, consejos y apoyo. ¡Mi deseo para el mundo es que todo aquel que tenga un sueño sea tan afortunado de tener a alguien como Darrell en su vida!

Agradecimientos

Siempre estaré agradecida con Cal y Edith Wenzel pues la ayuda que me brindó su compañía, Shane Homes, durante mi primer año como trabajadora independiente me sirvió como base para lograr hacer crecer mi negocio. Trabajar con ellos y con su equipo fue un gran placer. Siempre les estaré agradecida.

Le agradezco a mi hijo, Lloyd Worth, por su ingenio y excelente estilo a la hora de retroalimentar el trabajo que hago. Él es un maestro del arte de la negociación y es capaz de lidiar con cualquier objeción que planteo.

Mi padre, Newton Wheaton, hizo tan buena labor en mi vida que aún hoy en día disfruto complaciéndolo. Su orgullo hasta por el más pequeño de mis éxitos potenció mi coraje para luchar por cumplir mis sueños. Aunque fracasara o triunfara, sus comentarios siempre fueron los mismos: "No importa. Eres mi hija y lo que sea que hagas, para mí está bien".

También le extiendo mis agradecimientos a Lisbeth Corbier; su empresa *Office and Home Maintenance Company* me brinda bienestar cuando todo lo demás resulta caótico. Y a Lorraine King, a quien siempre llamo de primeras, ya sea que esté en un dilema o tenga buenas noticias para compartir. Nunca me canso de sus consejos sobre cómo lidiar con cualquier circunstancia.

Valerie McIlroy cambió mi vida con un solo comentario cuando yo aún era una enfermera del Área de Cuidados Intensivos y de salas de emergencias: "Te iría bien en las ventas. ¿Por qué no te presentas a una entrevista en *Xerox*? Te daré el número telefónico de mi esposo para que él te sirva como referencia". Así lo hizo y fue allí donde comenzó mi aventura en el mundo de las ventas, la gestión empresarial y el crecimiento personal. Con esas pocas palabras ella puso en movimiento eventos que me cambiaron la vida. Se lo agradezco de todo corazón. Bill Irwin fue el encargado de contratarme en Xerox y quien me enseñó las habilidades necesarias para convertirme en una experta cazadora de prospectos y en una hábil negociante frente a peces gordos. Él siempre me motivaba a sentirme y mostrarme más grande de lo que en realidad me sintiera. Hace poco tuvimos el gusto de volver a conversar y pude agradecerle por ser mi extraordinario mentor.

Prefacio

Por Alan Weiss, Ph.D.

En mi experiencia trabajando con empresarios alrededor del mundo he observado que la mayoría de los consejos sobre cómo triunfar no dan en el blanco porque están basados en la sabiduría convencional. Por ende, a las personas se les aconseja asegurarse de no estar haciendo negocios que las descapitalice, que tengan un plan de negocios integral y que sepan salvaguardar celosamente su propiedad intelectual.

Pero la sabiduría convencional es eso: un mantra que, sin detenerse a pensar, repiten una y otra vez aquellos que no se han tomado la molestia de experimentar el mundo contemporáneo. Estoy convencido de que en la actualidad todos los emprendedores están en primer lugar, y fundamentalmente, en el negocio del mercadeo —dejando a un lado por un momento lo impresionante de su tecnología y de su personalidad carismática—, y entre más rápido se conviertan en expertos en ese campo, más grande será su éxito (el cual es posible alcanzar mucho más rápido que en otros tiempos).

En consecuencia, el más grande desafío que afrontan estos novatos mercaderistas de hoy es su falta de autoestima, en particular cuando se trata de convencer a otros para que adquieran lo que están necesitando. Este libro se ocupa del aspecto más difícil de este tipo de mercadeo: las llamadas en frío y las ventas de primera línea. Y va dirigido tanto al principiante como al veterano puesto que hacer llamadas en frío no es una estrategia que se desarrolla de manera natural. De hecho, a menudo es la antítesis de muchos comportamientos típicos de los empresarios y consiste en mucho más que en las estereotipadas frases de "trabájale a los teléfonos" y "solo sigue golpeando puertas".

Piénsalo: ¿alguna vez has comprado servicios de inversión del extraño que interrumpe en tu vida con una llamada a las 8:00 p.m.? Alice Wheaton ha estudiado este asunto y nos proporciona una mirada poco común sobre el funcionamiento del verdadero proceso de ventas, el cual implica trabajar duro, tener o desarrollar disciplina y estar inevitablemente relacionado con el rechazo. Sin embargo, no es imposible de realizar. De hecho, es un aspecto esencial de la trayectoria de cada empresario exitoso.

Vender se trata del verdadero convencimiento de proveerle un servicio o producto que sea valioso a alguien que de verdad lo necesite y que quiera y pueda adquirirlo. Esta lectura te ayudará a reconocer la calidad de tu propuesta, a identificar al comprador interesado en ella, a trabajar con "la prevención y desconfianza" propias de la gente frente a los vendedores y a proporcionar un conjunto convincente de razones para que tu cliente potencial, primero, se interese en tus productos o servicios; y segundo, esté de acuerdo con ser tu cliente o comprador. Existe una gran cantidad de libros sobre ventas apilados en estantes y eso se debe a que el tema es crítico y la necesidad es inmensa, pero también al hecho de que no hay una sola fuente que provea un rango integral de técnicas y una metodología sobre cómo manejar cada situación y cada personalidad. Y es comprensible que así sea.

Por eso este libro es un importante aporte para este mercado pues literalmente describe cómo es el proceso de ventas a extraños; además te ayuda a llegar incluso a aquellos prospectos que se consideran a sí mismos como inabordables. Es imposible evitar el rechazo, pero sí es posible reducir tanto su frecuencia como sus consecuencias a nivel personal y profesional. Para ser exitosos debemos hacer negocios de manera constante, lo cual debe traducirse en nuevos compradores, es decir, en personas que no tienen idea de quiénes somos ni cómo podemos ayudarles. Es nuestra responsabilidad suplirles sus necesidades, y Alice ha asumido la responsabilidad de ayudarte a hacer precisamente eso.

Alan Weiss, Ph.D.
Presidente de Summit Consulting Group, Inc.
Autor de *Million Dollar Consulting* y
de *The Ultimate Consultant Library*

Introducción

Más de veinte años trabajando con miles de empresarios y distribuidores independientes me han enseñado que aquellos que toman la decisión de representar determinado producto o servicio lo hacen porque creen en él de todo corazón. Sin embargo, para ser exitoso se requiere de mucho más que fe. Implica habilidades para *hablarles a las vidas de otros* sobre tu propuesta de una manera que los atraiga hacia ti en lugar de alejarlos. La pasión, la fe, el conocimiento y el entusiasmo son factores muy importantes del éxito, pero no lo son todo.

Estoy convencida de que tú quieres triunfar y marcar la diferencia en el mundo que te rodea ofreciendo productos y servicios de punta, de alta calidad, que promuevan la salud y el bienestar, —y que además te sirvan para desarrollar un negocio rentable. Y este libro te ayudará a lograr justamente eso.

¿Qué objeciones específicas recibes cuando te reúnes a tomar un café con un amigo para presentarle tus servicios o productos o haces una de tus presentaciones frente a un grupo o por teléfono? Sin lugar a dudas, esta pregunta siempre ha sido contestada mediante un considerable número de silencios. Lo cierto es que la mayoría de emprendedores de negocios ignora cuáles son las objeciones que más recibe a la hora de hacer sus presentaciones. Una revisión bibliográfica de lo referente a entrenamiento en ventas revela muchas discusiones y objeciones generalizadas, pero aún hace falta un tratamiento adecuado con respecto al tema de lidiar con las objeciones específicas que surgen en el momento de la venta.

Una de las razones por las cuales siempre estuve ubicada entre los mejores vendedores —en distintos cargos, con distintas organizaciones— fue mi voluntad de descubrir todas las objeciones de mis clientes pues me daba cuenta que, a medida que detectaba una objeción tras otra, era capaz de ser proactiva y de lidiar con sus preocupaciones. La lección temprana fue: las objeciones son la esencia de la venta. No solo necesitas entender por qué tu producto funciona para un cliente potencial; también necesitas *saber por qué ellos creen que no les sirve.* Ponlo en perspectiva y verás que para entenderlo siempre debes incluir la información positiva tanto como la negativa. A esto me refiero cuando hablo de mirar las ventas desde una óptica a la inversa.

Cuando un vendedor no le teme a las preocupaciones de su cliente, a sus limitaciones o a su falta de conocimiento, entonces es capaz de profundizar en su historia y con frecuencia aclarar desinformación que de otra manera dicho cliente no hubiese podido comprender. Este acercamiento es totalmente inverso o contrario a lo que otros expertos recomiendan. Los vendedores, antes y ahora, fueron y son alentados a hacer a sus clientes preguntas condescendientes diseñadas para obtener una serie de respuestas afirmativas, como por ejemplo: "¿Acaso su salud o la de su familia no son importantes para usted?"

Muchos vendedores temen oír la palabra "no", y emplean una gran cantidad de energía procurando evitarla. Prefieren escuchar un "sí" poco sincero que aprender a lidiar con las objeciones. A esa reacción la denomino el "síndrome del oído feliz". Quienes sufren de él prefieren oír un "sí" aunque no sea sentido y tengan que ver esfumarse la posibilidad de una venta en lugar de recibir una objeción y lidiar con ella —a través del diálogo y la resolución de problemas— de tal manera que conlleve a una venta. En todo caso, es mejor recibir un "no" y seguir adelante en busca de otro posible cliente que quedarse atrapado en una serie de "quizás" y "ya veremos".

El no sentirse cómodos con las preocupaciones de un cliente es una de las principales razones por las cuales tantos vendedores se dan por vencidos después de la primera llamada. Si ignorar las objeciones en realidad sirviera de algo, muchos más vendedores serían exitosos.

En general, ¿por qué será que los vendedores no se proponen activamente identificar problemas, animar a sus prospectos de cliente a expresar sus preocupaciones y recibir de manera positiva sus objeciones? Creo que hay tres razones principales por las cuales esto sucede. La primera es que a todos se nos ha dicho —repetidas veces— que seamos *pensadores positivos.* Nuestro supervisor o líder expresa su preocupación si nos presentamos un poco menos que optimistas, positivos, seguros de nosotros mismos y en control de la situación. No hay cabida para las dudas, hecho por el cual pasamos a un estado de pasividad y negación, y es por eso que terminamos entrenándonos de cierta manera para evadir la realidad.

La segunda razón es que los vendedores se sienten impotentes al recibir objeciones pues no han aprendido cómo responder a ellas con elegancia y gracia. Cuando un vendedor recibe una objeción, con frecuencia él o ella se sienten desmotivados y por lo tanto desaprobados, lo cual por supuesto les lleva a sentirse rechazados y descompensados. Simplemente no han aprendido a abordar de una forma positiva a su cliente potencial a través de la objeción.

No saben cómo recibirla y luego usarla para lograr un mejor entendimiento de las necesidades únicas de su candidato a cliente. Los vendedores parecen ignorar que, cuando un cliente potencial no presenta una objeción, es muy probable que no se convierta en cliente. Sin embargo, una objeción bien manejada suele ser el punto de convergencia.

La tercera razón es que se nos ha enseñado a manejar las objeciones con un enfoque combativo. La cuestión es que, al hacer esto, les estamos manifestando a nuestros posibles clientes lo estúpidos que son al mostrar una determinada preocupación. Por ejemplo, hemos sido entrenados para responder a una objeción de precios diciendo frases como: "¿Qué tan caro es en realidad lo que le ofrezco?", "Si logro vendérselo por $X menos, ¿le gustaría acceder al servicio de domicilio?" La cuestión es que esta clase de respuestas no nos da ningún tipo de indicación de los problemas, necesidades o preocupaciones que en verdad hay detrás de esa objeción.

La solución para perderle el miedo al rechazo es abrirte a la posibilidad de ser rechazado y aceptarla como un simple "no" y no como una afrenta personal. Es importante que cambies tu idea de que debes ser bien recibido y llegar a un acuerdo en cada interacción en la que te involucras. La vida simplemente no es así. La voluntad de aceptar y saber acoger un "no" es uno de los factores más importantes de tu éxito. Este "simple" giro en tu mentalidad te permitirá verte más grande de lo que te sientes y que logres más de lo que pensaste posible. Desprenderte de la ansiedad de recibir un "sí" o un "no" te ayudará a permanecer tranquilo y te hará convertirte en un verdadero profesional.

Darles la opción a tus compradores y clientes potenciales de decir "no" desde esta perspectiva es la actitud opuesta a muchas estrategias que por lo general se recomiendan. Otro rasgo común en los vendedores es su tendencia a hablar de "características y beneficios". La estrategia opuesta a esta consiste en ir, más allá de los beneficios, al valor. Cuando un cliente tiene un problema, lo más común es que el vendedor de inmediato le ofrezca una solución. Sin embargo, la estrategia inversa es *olvidarte de tu solución por el momento y alentar a tu posible cliente a contarte muchas cosas más sobre el problema y los inconvenientes que este le causa.*

Para no quedarse atrás, cuando un cliente hace una declaración, el vendedor tradicional se roba el show, por así decirlo, y entra al "terreno de juego". Sin embargo, la estrategia opuesta es permanecer en silencio y animar al cliente a develar aún más detalles. Esto disipa el mito de que para ser un buen vendedor es necesario ser un buen conversador. En cambio, es preciso siempre atender al cliente indagando sobre su preocupación. Otra estrategia opuesta a la usual es nunca responder a una pregunta a menos que conozcas la fuente y el contexto en que se encuentra. Esto quiere decir que debes desarrollar la habilidad de hacer preguntas de calidad.

Al leer este libro aprenderás a superar a tus competidores haciendo una evaluación de los hechos y necesidades que rodean a tu prospecto y por lo tanto llevando a cabo un proceso eficaz para descubrir sus inquietudes, preguntas, condiciones y objeciones. Pero debes lograrlo de manera elegante y sin necesidad de hacer preguntas retóricas que lo pongan contra la pared.

Déjame contarte una historia que ejemplifica el valor de saber manejar las objeciones:

Hace poco tuve el placer de conocer a una amiga de mi madre. Ella es una mujer octogenaria, muy elegante, culta y hermosa. Con ojos centelleantes me contó de aquella vez en que su hijo John, con apenas ocho años de edad, llegó a casa llorando porque el chico matón de la casa de al lado lo había asustado e intentó golpearlo con un palo. A ella no le agradaba el hecho de tener un hijo que no se defendiera, de manera que le prometió que, si le quitaba el palo al pendenciero, le daría seis peniques (esto sucedió en Inglaterra), ¡con lo cual John se frustró aún más! Quería derrotar al muy malvado y ganarse el dinero, pero no veía ninguna posibilidad de vencerlo. Entonces ella le hizo una sorprendente demostración: le dio una escoba y le ordenó que tratara de golpearla con ella. Cuando él lo intentó, ella se acercó tanto a él que al chico no le fue posible lograrlo. Entonces ella agarró la escoba y se la arrebató. Practicaron esta técnica una y otra vez, ahí mismo en su cocina hasta que por fin John estaba dispuesto, aunque no seguro de estar listo, a confrontar al chico que lo atormentaba. Así que se aventuró a salir a buscarlo. Hoy, él admite que fueron sus ganas de obtener los seis peniques, más que su necesidad de justicia, las que en realidad lo impulsaron a vencer aquella dificultad.

No obstante, ¿puedes imaginarte el miedo que tenía? Por fin apareció el pilluelo y con la suficiente confianza John se acercó tanto a él que su vecino no logró arrebatarle el palo con facilidad. Entonces fue el turno de este abusador de irse corriendo a su casa llorando.

La lección que John aprendió fue que el palo sería un arma mucho más efectiva para su contrincante, solo si él le daba espacio para usarla. Pero al atreverse a cerrar la distancia y acercarse al amenazante chico John logró eliminar el poder y efectividad de su vecino.

La lección del palo es una metáfora sobre cómo manejar las ventas. Aquellos vendedores que les temen a las objeciones les dan mucho espacio permitiéndoles el máximo poder sobre la efectividad de sus ventas. Sin embargo, el vendedor que está dispuesto y es capaz de acercarse y aprender todo lo que le sea posible sobre la objeción es aquel que la elimina como amenaza y la utiliza a su favor para avanzar en el proceso de venta.

Es una tendencia humana natural el querer evitar el conflicto, pero descubrir y resolver objeciones puede darse de una manera elegante, demostrando respeto por nosotros mismos y por nuestros clientes. Para tener éxito y satisfacción en el futuro es preciso estar dispuesto a hacerles frente a la incomodidad y el dolor del momento.

El objetivo de este libro es darte lineamientos y sugerencias para enfrentar objeciones de manera exitosa y gentil. Una de las actitudes con las que quiero acabar es con la idea de que no hay ninguna razón que justifique superar las objeciones porque hay demasiadas por superar. Mi investigación revela que es probable que no recibas más de tres objeciones al promocionar tu negocio y que tan solo hay tres o cuatro objeciones más ligadas específicamente a tu sector de ventas. Ese es un potencial total de seis o siete objeciones, todas simples de aprender y emplear en pro de lograr tus metas.

A la hora de lidiar con una objeción, no solo debes saber qué decir, sino cómo decirlo. Es aquí donde debes combinar los principios de mi valioso guion con tu propia personalidad. Así como ningún actor se subiría a un escenario sin haber estudiado su parlamento, tú tampoco deberías tratar de responder a una objeción sin saber lo que vas a decir. Una vez en la tarima, el actor le agregará algo de su estilo personal a la entonación, el ritmo y la dicción del parlamento. Tú también puedes hacer lo mismo con los guiones que te proveo.

A aquellos vendedores que dicen oponerse al uso de guiones de venta les hago el siguiente reto: permítanme observarlos durante tres citas con clientes y les garantizo que seré capaz de predecir sus guiones; así que mejor hagamos uno que funcione por diseño y no por casualidad.

Es probable que existan seis objeciones frecuentes relacionadas concretamente a tu sector de ventas, pero estas también son bastante genéricas. Tanto un banquero como un desarrollador de software ya habrán oído alguna versión de: "Ya he hecho negocios contigo y no quedé contento", "Tu producto/servicio es muy costoso", "Ya tengo un proveedor con el que me va muy bien", "Ahora mismo no estoy interesado", "Tu tiempo de respuesta es demasiado largo", "No tenemos necesidad de tu producto/servicio". Yo ofrezco algunas respuestas de sentido común a estas objeciones tan comunes en la industria a partir de las cuales un amplio espectro de sectores de ventas será capaz de extrapolar y construir sus propias respuestas.

Puede que no te sientas confiado por completo la primera vez que confrontes las objeciones de tu cliente, tal como John no se sentía confiado de confrontar a su vecino maloso luego de una sola práctica de arrebatarle el palo de la escoba a su mamá. Pero, tal como él, luego de varios ensayos tú también serás competente. Una vez te sientas así, tu anhelo de confianza empezará a darse, te lo aseguro. Sabrás de primera mano que la competencia siempre antecede a la confianza.

Organización de este libro

He organizado este libro para discutir y desarrollar estrategias prácticas para lidiar con el miedo a la confrontación y el conflicto en el campo de las ventas y mercadeo. Cada uno de los catorce capítulos está lleno de sugerencias, procesos y lineamientos prácticos que han sido probados, mejorados y empleados de manera exitosa para resolver ventas sicológicas y barreras de mercadeo. El libro también contiene dos apéndices muy valiosos y de valor añadido. El apéndice "A" aborda el mercadeo en red, mientras que el "B" explora la situación del comprador de nuevos inmuebles. A estos apéndices les sigue un glosario muy útil de términos aplicables en cualquier situación de ventas o mercadeo.

La disposición de los catorce capítulos sigue un plan claro y lógico que te guiará para explorar y desarrollar estrategias de venta nuevas y muy prácticas. El Capítulo 1 provee un simple proceso para localizar minas ocultas y hacerlas inofensivas. Esto se hace de una manera directa y respetuosa, tanto para el vendedor como para el cliente. Con este proceso superas a la competencia, construyes confianza y vendes valor. El resultado es que la madre de todas las objeciones —el precio— se convierte en la menos importante de todas.

En el Capítulo 2 discuto las más difíciles objeciones personales internas que pueden no ser las más fácilmente accesibles a tu propia psiquis o pensamiento pues están enterradas en tu subconsciente. Parece ser que una de las reglas operacionales de nuestro ego es mantenernos pequeños y manejables; sin embargo, una vez que conocemos nuestras propias limitaciones y debilidades, hacemos algo con respecto a lo que hemos descubierto: crecemos. Para acceder a este crecimiento, por favor sé tu propio abogado del diablo cuando leas sobre objeciones internas, y di: "Sí, a mí me pasa eso; ahora, ¿qué voy a hacer para contrarrestarlo?" Conviértete en un "1% mejor" al presentarte a dar lo mejor de ti a lo largo del día. Te darás cuenta de que, incluso una mejora del 1%, te traerá resultados positivos. Muy pronto serás capaz de darles un giro a tus pensamientos y pasarás de: *"Estoy haciendo lo mejor que puedo hoy" a "¡Mi mejor esfuerzo ha sido en verdad el mejor!".*

Lidiar con las emociones y los sentimientos es vital para alcanzar el éxito. El Capítulo 3 delinea procesos específicos y efectivos para desarrollar este necesario conjunto de habilidades. Sin embargo, el perfeccionismo es una meta imposible en este camino y el Capítulo 4 te proporciona un modelo alternativo para desarrollar de manera exitosa habilidades y dominio personal.

El coraje, no la confianza, es la respuesta para alcanzar la cima del desempeño. El Capítulo 5 delinea el camino del miedo al coraje, del coraje a la competencia y de la competencia a la confianza. Luego, el Capítulo 6 explica de forma detallada cómo poner en práctica la investigación por las preocupaciones y así descubrir las necesidades de tu posible cliente. Esas necesidades o problemas pueden ser rastreados llevando a cabo una evaluación formal de problemas/necesidades, según lo prescribe el Capítulo 7.

Los problemas y los icebergs tienen mucho en común. No son los factores obvios los que motivan a los clientes a comprar, sino los ocultos y en el Capítulo 8 aprenderás a develarlos.

Le he dado al tema del precio su propio capítulo pues es un obstáculo muy grande tanto para los vendedores como para sus clientes. Debes aprender a deshacer lo que nuestro mercadeo masivo ha hecho, —que es entrenar a los compradores a pensar casi exclusivamente en el precio. "No vamos a pagar de más" y "Los precios más bajos" son solo dos de los mensajes más comunes que escuchamos y vemos, y así, eventualmente, empezamos a pensar en cada compra en términos de precio. Muchos vendedores no saben cómo desmantelar este proceso de pensamiento en ellos mismos y mucho menos en sus clientes potenciales. Hablar el "lenguaje del valor" tanto como el lenguaje necesario para el precio o costo al comprador es una de las piezas clave en el complejo proceso del valor de un producto o servicio. En el Capítulo 9 aprenderás el lenguaje de cada uno de los tres niveles del comprador: precios, costo y valor.

El Capítulo 10 te enseña cómo darle calor a tu próxima llamada en frío al proveerte respuestas a las 6 objeciones más comunes que se dan al hacer ese tipo de llamadas por teléfono (como es el caso de la mayoría de llamadas, pues algunas veces el vendedor se presenta en persona). Estas objeciones suelen causar terror en los corazones de los vendedores que buscan clientes potenciales y hacen llamadas en frío porque ellos saben que, cuando hagan la llamada, van a recibir objeciones, y a menos que sepan cómo abordarlas de manera apropiada, se sentirán intimidados e incluso estúpidos (este tópico ya fue discutido en mayor detalle en otro libro que escribí titulado *Prospect and Prosper: Cold Calling Strategies for the Feint of Heart*).

La cárcel del correo de voz es la perdición de la existencia de cualquier vendedor. El Capítulo 11 provee estrategias que facilitarán ese tormentoso momento. Incluso si tu mensaje nunca es respondido, debes dejar una impresión duradera. Los mensajes rutinarios no sobresalen entre la gran multitud de ellos.

Los Capítulos 12 y 13 contienen ejemplos generales basados en casos de objeciones y situaciones que ponen en peligro las ventas. Aunque es probable que esos ejemplos no se ajusten a tu sector de ventas específico, de igual manera te beneficiarás de su lectura pues debes ser capaz de identificar patrones predecibles y soluciones aplicables a tu sector en particular y a las objeciones o situaciones que sí experimentas.

Trata de no frustrarte demasiado cuando leas las objeciones de otros. Utiliza esos ejemplos para reflexionar sobre las tuyas y crear tus propios procesos. El cuerpo central del libro termina con el Capítulo 14 y te proporciona el guion del millón de dólares que puedes emplear como una plantilla para darle forma a tu éxito con base en tus objeciones particulares. El guion tiene ese nombre porque, si creas el tuyo propio, acatando los principios provistos e incorporándolos a tu personalidad, ¡entonces venderás millones de dólares en productos y servicios!

Luego, los dos apéndices que abordan el mercadeo en red y al nuevo comprador de finca raíz resumen las sugerencias y lineamientos provistos a lo largo del texto principal. El apéndice "A", que trata sobre el mercadeo en red, está basado en mi propia experiencia en la industria del cuidado de la salud, pero es aplicable a cualquier sector de los negocios. El mercadeo en red es muy interesante para el empresario emergente que está contemplando la idea de construir un equipo de ventas de primer nivel. Este apéndice aborda las objeciones del mercadeo en red y los enfoques de la contratación.

Le he dedicado el apéndice "B" al nuevo comprador de inmuebles pues para la mayoría de personas, ¡esta es la compra más costosa que harán en toda su vida! Cada complejo de nuevas viviendas está usualmente compuesto por varios constructores y cada uno trabaja duro por minimizar el grado en que compiten el uno con el otro por el negocio de los nuevos compradores de inmuebles. Todos ellos anticipan que los clientes traerán sus propias ideas de diseño y harán competir a un constructor con otro. El nuevo vendedor de inmuebles que siga los procesos delineados en el apéndice "B" (y, por supuesto, en todo el libro), ganará la lealtad del cliente y conseguirá mayores ventas.

Crear nuevas respuestas a objeciones de ventas —y trabajar con estas en lugar de evadirlas— incrementará tu éxito y te ayudará a ascender a las grandes ligas. ¡Te será posible unirte a las filas de los súpervendedores que tienen un lugar especial solo por unirse a la compañía!

Esta obra te suministra los ejemplos, aperturas y oportunidades para aprender a hacer todas estas cosas y bien hechas. A lo largo de la lectura, y luego de reflexionar sobre lo aprendido y la manera de aplicarlo, empezarás a construir las bases de tu futuro éxito. ¡Comienza ya mismo! Si no es ahora, ¿entonces cuándo?

La historia sobre mis comienzos

Te debes estar preguntando sobre mis propios fundamentos en lo que a este libro respecta. ¿Cómo llegué a saber estas cosas? ¿Qué hay de mi propia experiencia? Lo que sigue es un breve relato de cómo empecé mi carrera en las ventas. No tenía ninguna habilidad específica para adquirir y desarrollar nuevos clientes. Tampoco sabía nada de hacer llamadas en frío, ni buscar clientes potenciales, ni lidiar con objeciones. Pero aprendí y triunfé, y ahora te estoy contando lo que sé para que tú también triunfes. Ojalá que mi comienzo les sirva de inspiración a los demás: cada una de estas habilidades es perfectamente desarrollable y fácil de poner en práctica.

En 1978 me uní a Xerox Canada como la primera mujer representante de ventas de fotocopiadoras en el equipo de la compañía. El proceso de entrevista fue largo y difícil. Hubo varios "*strikes*" contra mí junto con objeciones con respecto a por qué no podía ser contratada. La primera objeción fue abiertamente discutida conmigo… el hecho de ser mujer. La segunda objeción fue que yo era una enfermera, "no una vendedora", así que ¿cómo es que una enfermera de Cuidados Intensivos iba a lidiar con este cambio de carrera? La tercera y más grande objeción: no tenía experiencia en ventas y, en cambio, había varios hombres con MBA's y mayor experiencia en el campo aplicando para este puesto. Aunque estas objeciones ahora parecen arcaicas, eran muy valederas en ese momento.

Cómo llegué a Xerox es, en primer lugar, una historia en sí misma. Todo empezó con una hermosa mujer: ¡Valerie McIlroy! Víctima de un accidente menor, fue admitida en la sala de emergencias de un hospital local donde yo trabajaba como enfermera. Dado el contexto, el contraste en nuestra apariencia física era sorprendente. Ella estaba vestida preciosa —pues iba en camino a una fiesta— mientras que yo estaba atascada en el turno de la tarde, vistiendo mi trajinado uniforme. Sus zapatos salían con su cartera, su vestimenta era evidentemente costosa, ¡y tenía un aire glamuroso!

Le pregunté a qué se dedicaba y Valerie me dijo que estaba en el sector de la ventas publicitarias de las Páginas Amarillas. Al instante, de mi boca se escaparon las palabras: "Eso es lo que yo quiero hacer. ¿Con quién podría hablar en tu compañía para conseguir un trabajo haciendo lo que haces tú?" Aunque ella me animó a considerar una carrera en ventas, me aconsejó no hablar con su compañía a menos que tuviera experiencia en entrevistas para este tipo de puestos. También me aconsejó que en lugar de eso me acercara a Xerox y mencionara el nombre de su esposo. "Allí aún no contratan mujeres, pero te concederán una entrevista y aprenderás grandes habilidades en el proceso, lo cual te ayudará a la hora de presentarte a otras entrevistas en otros puestos como vendedora", me dijo.

Al siguiente día me pasé por Xerox, llené un formulario y lo dejé en la recepción. Mi próximo paso fue irme de compras. Compré varios trajes y un maletín, preparándome para las entrevistas que estaba segura que vendrían. Dejé la tienda con un vestuario apropiado para una mujer de negocios y mi imagen de mí misma comenzó a cambiar. Este fue el primer paso hacia reinventarme llevando a cabo una transformación de enfermera a vendedora.

Lo que con más claridad recuerdo de mi primera reunión con Xerox fue la respuesta que di cuando se me preguntó por qué creía tener los requerimientos para ese trabajo. Respondí: "No soy tímida". El entrevistador dijo que mi aproximación negativa a una característica positiva le molestaba y me pidió que replanteara mi afirmación de una forma positiva. Dije: "Muy bien, es positivo que no soy tímida". Él se rió y entonces fui enviada a la primera de mis siete entrevistas con varios ejecutivos y el director de la sucursal. Durante ese proceso aprendí dos lecciones. Una fue el rol del humor junto con el hecho de que ser capaz de reírse de uno mismo es vital en cualquier situación. La segunda fue no tomarme nada de manera personal o de lo contrario nunca habría sido capaz de mantener una actitud positiva durante lo que fue un arduo paso. Mi primera entrevista fue con Bill Irwin, a quien su equipo de ventas le llama el "zorro de plata". Para mí fue devoción a primera vista. Mi instinto por él fue tan fuerte que de manera muy rápida decidí que quería trabajar para Xerox y, dado el caso, quería que Bill fuera mi jefe.

Luego de la sexta entrevista y múltiples pruebas sicológicas Bill estuvo de acuerdo en que yo tenía una fuerte aptitud para las ventas. Dijo que empezaba a considerar la idea de contratarme, pero vacilaba porque no tenía experiencia en dirigir laboralmente a una mujer. Bill dirigía al equipo de ventas más exitoso de la sucursal y no quería arriesgarse introduciendo una variable más que pudiese tener resultados que fueran menos que positivos. Aunque yo sabía de sus preocupaciones, seguía pidiéndole el empleo cada vez que hablaba con él. Finalmente, exasperado, Bill admitió que sus creencias estaban cambiando, pero para estar seguro me dijo que debía entrevistar a mi marido para saber si podía obtener el trabajo (debes tener en cuenta que era 1978 y, para ese entonces, yo quería tanto ese puesto que le habría comprado a Bill un boleto de avión para que entrevistara a mis padres, si eso lo hubiera ayudado a decidir). Bill se reunió con mi esposo, quien simplemente le dijo que mis decisiones profesionales dependían de mí. Al salir de mi hogar, Bill me dijo que me llamaría al día siguiente para darme su decisión final. Ese día, un viernes, llegó y se fue sin que yo recibiera ninguna respuesta así que me convencí de que me llamaría el sábado o el domingo. Pero nunca lo hizo. El lunes me levanté, me puse uno de mis nuevos trajes de negocios, tomé mi maletín vacío y me dirigí a la oficina de Xerox.

Llegué una hora antes que todo el mundo y me senté en silencio y con algo de miedo en uno de los escritorios de los vendedores. Cuando Bill llegó, quedó visiblemente sorprendido y me preguntó qué estaba haciendo allí. Yo le respondí: "Bueno, no recibí tu llamada. Ninguna noticia quiere decir buenas noticias, así que, si me explicas qué empacar en mi maletín, iré a trabajar contigo hoy". Con una mirada de disgusto, Bill me hizo pasar a su despacho y allí me dijo que aún estaba indeciso. Entonces, una vez más, empecé el proceso de convencerlo. Esta vez fui específica y utilicé el "Cierre de Ben Franklin" que había oído en una de las cintas de J. Douglas Edwards que escuchaba una y otra vez. Le dije algo así:

"Sr. Irwin, ¿acaso no estaría de acuerdo con que Ben Franklin fue uno de los hombres más sabios del mundo, y que cuando se enfrentaba a una decisión difícil él quería tomar la mejor alternativa? ¿No es acaso eso lo que usted quiere hacer al contratarme o no contratarme, tomar la mejor decisión? Pues esto es lo que él haría: tomaría una hoja de papel y trazaría una línea en el medio, y del lado derecho haría una lista de todas las razones por las que no lo haría y del izquierdo otra lista de las razones por las cuales sí. ¿Podríamos hacer eso antes de que me vaya y le prometo que no volveré a pedirle otra vez el empleo? ¿Le parece justo eso?"

Bill estuvo de acuerdo en que eso era lo justo de manera que empecé a hacer una lista de todas las razones por las cuales me debía contratar. Cuando le había ayudado a identificar al menos ocho razones, fue el momento de hacer la lista de las razones negativas. Hice lo que la cinta sugería y me quedé callada. Junté mis manos, lo miré y sonreí. Él había recibido mi ayuda y ahora estaba condicionado a depender de mis sugerencias negativas, solo que yo no le iba a dar ninguna.

Cuando terminé con mi proceso de cerrar el trato, Bill rió y me preguntó dónde había aprendido eso. Le confesé que me había estado preparando escuchando cintas de J. Douglas Edwards sobre vender y cómo cerrar tratos. Estaba sorprendido. Me dijo que había llevado a su equipo de ventas a la charla del Sr. Douglas en un seminario que él ofreció y que les había comprado a cada uno de sus vendedores un set completo de sus cintas. El "cierre de Ben Franklin", como se le llama a este cierre, fue precisamente la misma técnica que él le había pedido aprenderse a su equipo de ventas y luego ponerla en práctica en las reuniones de ventas, pero todos se resistieron.

Bill me ofreció el trabajo y fue entonces cuando entendí que el éxito viene de estar dispuesto a hacer lo que otros no.

Una de las condiciones de mi cita fue prometer nunca llorar si alguna vez era criticada durante una sesión de entrenamiento en ventas y ante ese hecho dejé ver mi confusión por una petición tan extraña, pero resultó ser que no tenía nada que ver con que yo fuera mujer, sino porque muchos hombres antes de mí lo habían hecho y, aunque Bill sabía cómo lidiar con el llanto de un novato, no sabía cómo lidiar con el de una novata.

Así empezó mi carrera en las ventas. Vacilaba entre sentirme afortunada o asustada y ansiosa. Descubrí que, si ponía mi ego de lado y hacía exactamente lo que me decía mi jefe, alcanzaría los resultados prometidos. De manera que seguí haciendo lo que funcionaba y el año siguiente logré un impresionante 198% del plan, casi el doble de mi objetivo de ventas.

Ajustarme al sistema de las ventas tenía sus retos, incluyendo mi integración al equipo. Aprendí a guardar dos negocios que ya estuvieran listos para el final de cada mes. Uno de ellos era para anotarlo en el tablero del equipo el último día hábil del mes y para lograrlo me aseguraba de ser la última en dejar la oficina luego de haberlo anotado en el en el tablero, ¡incluso si eso implicaba quedarme allí hasta medianoche! El segundo era para anotarlo el siguiente día laboral, al comienzo del nuevo mes. Me di cuenta de que así podía "delimitar" todas las ventas de los otros representantes y hacer que mi nombre apareciera con frecuencia en el tablero del grupo. En retrospectiva, veo esta estrategia como una reacción propia de mi espíritu competitivo, pero también como una forma de manejar mis miedos, dudas e inseguridades; esa era mi manera de sentirme mejor con respecto a mí misma.

Si bien no le conté a nadie sobre ella, Bill debió haberla descubierto con facilidad. Siempre que había un concurso de ejecutivos de venta él me preguntaba si había estado "haciendo barricadas", lo cual se traducía en retener negocios en lugar de ingresarlos en el sistema de ventas. Durante los concursos simplemente hacía lo que debía hacer para reemplazar las órdenes que estaba guardando. Nunca retuve órdenes de registro que necesitara para el concurso de un ejecutivo de ventas, pues a Bill lo tenía en muy alta estima, y lo tengo aún. Él fue mi mentor y mi héroe. Cada vendedor nuevo que ingresara a la industria hubiera sido bien servido por un jefe como él. Casi veinte años después yo misma me encuentro siendo mentora, alentando a otros y trabajando con ellos, tal como Bill lo hizo conmigo.

Cada uno de nosotros puede dejar un efecto duradero y tangible en otra persona, y así, por ende, en el mundo. Una manera de lograrlo es por medio de la palabra hablada, tal y como esa paciente que conocí en la sala de emergencias lo hizo por mí al animarme a ir a Xerox a mi primera entrevista. Una segunda manera es por medio de la palabra escrita. Ese es el propósito de este libro: que aprendas lo que a mí me funcionó. Como también lo dijo Ben Franklin: "Los sabios aprenden de sus errores, pero los inteligentes aprenden de los de alguien más".

Integra las técnicas que describo en este libro a tu propia personalidad y estilo, aplícalas en tu negocio y actividades profesionales y experimentarás un mayor nivel de éxito en tu vida, ¡te lo prometo!

Capítulo 1

¡Las objeciones también producen ventas!

Por lo general, los vendedores no saben esto, pero hay dos principales razones por las cuales los clientes potenciales formulan objeciones. En primer lugar, para deshacerse de vendedores incompetentes; y en segundo lugar, porque ayudan a diferenciar a los buenos vendedores del montón que no sabe que las objeciones valen su peso en oro, ¡y que son la esencia de la venta!

Cada vez que recibes, aceptas y lidias con una objeción durante una llamada a un cliente potencial tus chances de conseguir una cita se incrementarán en un 25%. Si pides una cita en tres ocasiones y lidias de manera exitosa con las objeciones que afloran, habrás incrementado tus posibilidades de conseguir una cita en un 75%. De vez en cuando un cliente potencial se molestará con este tipo de insistencia, pero no dejes que la reacción del 5% de tus contactos influya en la forma en que te diriges al 95% restante.

No retroceder demuestra confianza en ti mismo y en tu producto o servicio. Eres visto como un líder, una persona que respeta el ardiente deseo de triunfar. Aquellos que saben cómo manejar sus emociones de incomodidad lo suficientemente bien, que piden una y otra vez un resultado que desean, demuestran poder personal. Algunos lectores se estarán preguntando: "¿Acaso mis posibles clientes no se molestarán si les sigo pidiendo una cita?" La respuesta a esta pregunta varía según cada cliente en potencia. Si sabes conjugar la solicitud de tu cita con un claro respeto por las preocupaciones del cliente, lo más probable es que no causes ninguna ofensa.

Aquellos que saben cómo manejar sus emociones de incomodidad lo suficientemente bien, que piden una y otra vez un resultado que desean, demuestran poder personal.

La gente con poder se siente complacida con exhibiciones de poder. Si la imagen que proyectas de ti es la de alguien reticente, tus "posibles clientes poderosos" asumirán que lo más probable es que les hagas perder su tiempo. Ellos ya tienen su propio poderío, de manera que no necesitan de nadie que les sea sumiso.

Aquellos que son capaces de manejar adecuadamente sus emociones negativas, y luchan una y otra vez por lograr sus propósitos, demuestran valor y fortaleza.

Si eres incapaz de lidiar con algunas pocas objeciones, serás relegado a un rol de menor nivel, que es a donde perteneces. Puede que esto suene duro, pero es cierto. Debes verte a ti mismo como a una persona igual y al mismo nivel de tus clientes pues tú tienes algo valioso que ofrecerles y ellos tienen un problema que tú estás en capacidad de solucionarles. ¡Ese es el complemento ideal!

Los vendedores deben esperar que sus clientes potenciales tengan objeciones y aquellos que no puedan aceptar esa realidad, se caerán por la borda. Los clientes potenciales presentan objeciones porque saben que estas intimidan a los vendedores y los alejan. En su libro *Can I Have Five Minutes of Your Time?* Hal Becker afirma que el 50% de los vendedores se rinde luego de la primera llamada. Eso significa que, al menos en lo que al cliente respecta, las objeciones funcionan.

Excesivo análisis produce parálisis

Al enfrentarse con objeciones como "Ya tengo un proveedor con el que estoy contento" la mayoría de los vendedores respondería: "Ah, bueno, gracias". El vendedor se siente disgustado y rechazado mientras cuelga el teléfono, y antes de hacer la siguiente llamada entra a jugar la parálisis producida por demasiado análisis.

La parálisis producida por el exceso de análisis se deriva de una mentalidad en la cual la víctima se enfoca en el peor escenario posible. La mente, entonces, se paraliza por la preocupación de lo que podría salir mal. El miedo se torna tan fuerte que el vendedor no es capaz de dar el siguiente paso —llamar a otro cliente— debido a los peligros que ve venir. Para aquellos que sufren de parálisis por exceso de análisis, el miedo al rechazo es un obstáculo real y muy significativo en el camino de las ventas. Muchas de sus víctimas desisten por completo de hacer llamadas en frío.

Miedo al rechazo

No hay tal cosa como el miedo al rechazo. Sin embargo, sí existe el miedo a que no sabremos cómo lidiar con nuestras emociones una vez hayamos sido rechazados.

El momento en que un cliente dice que no o da otra respuesta que causa malestar es justo eso: un momento en el tiempo. La historia que nos contamos con respecto a ese momento es la causa del trauma. No reconocemos la verdad: que una objeción no es un rechazo personal. Una objeción suele ser un rechazo hacia nuestro producto o servicio, pero no hacia nosotros mismos.

He aquí un ejemplo de un miedo al rechazo que está fuera de lugar. Imagina que estás en un evento social y ves a alguien que te gustaría conocer. Quieres dirigirte a él o ella e invitarle a bailar, pero tu ser negativo dice: "¿Estás loco? ¡Si haces eso vas a recibir un gran y rotundo NO y en el camino de vuelta a la mesa todo el mundo te estará mirando! Pensarán que eres un perdedor, se darán codazos entre sí y tú te sentirás como un tonto". Lo que en realidad sucede es que has proyectado estos pensamientos al futuro y los has aceptado como una verdad. Te has imaginado el peor de los escenarios posible y te has convencido de que ningún otro resultado es viable.

No hay tal cosa como el miedo al rechazo.
Sin embargo, sí existe el miedo a que no sepamos
cómo lidiar con nuestras emociones una vez
hayamos sido rechazados.

Es posible desestabilizar nuestro futuro logro al imponer una memoria condicionada por la manera en que nos sentimos la última vez que no triunfamos a la hora de lograr un resultado deseado. El evento que percibimos como un rechazo, compactado por nuestros sentimientos de dolor, ha sido intensificado y sacado de toda proporción. Temiendo que no podamos lidiar con ningún otro sentimiento de rechazo, tenemos la tendencia a apagarnos. La palabra *FEAR* (en inglés, MIEDO), es un acrónimo para Falsa Evidencia que Aparece como Real.

Cuando el vendedor permite que memorias desagradables le impidan progresar, el miedo al rechazo creará una profecía autocumplida. Cuando enfrentas un desafío, es mucho más fácil verte a ti mismo como una víctima del rechazo que lidiar con sentimientos de incomodidad. Decides que no hay manera de que puedas enfrentar de nuevo el rechazo así que ni siquiera lo intentas. Imagina de todo lo que te pierdes cuando piensas y actúas de esta manera.

Estar dispuesto a recibir un "¡NO!"

La solución frente al miedo al rechazo es abrirte a la posibilidad de ser rechazado y aceptarlo como un simple no y no como una afrenta personal. Es importante cambiar la idea de que debes ser bien recibido y llegar a un acuerdo en toda interacción que tengas. La vida sencillamente no es así. La voluntad de aceptar y recibir a bien un "no" es una de los factores más importantes en tu éxito. Este simple giro en tu mentalidad te permitirá mostrarte más grande de lo que te sientes y alcanzar mucho más de lo que alguna vez pensaste. Desprenderte de las palabras "sí" y "no" te ayudará a mantener la calma y convertirte en un verdadero profesional.

Hay una forma de mantener a raya el poder del miedo al rechazo y es permitiéndole al cliente decirles no a tu propuesta y/o a ti. Esto es sicología inversa y funciona. Cuando hago una llamada o le presento una oferta a un cliente en potencia, deseo que me dé una cita o una oportunidad con todo mi ser. No obstante, estoy dispuesta a ser rechazada. Tengo suficiente experiencia con el rechazo como para saber que duele un poco, pero estaré bien. No haré implosión, no explotaré, ni me derrumbaré de ninguna otra manera. Es posible que mi mente tenga dudas, pero yo tengo la capacidad de escoger ignorarlas. Sin embargo, sí ayuda el hecho de solicitar lo que quieres de una manera que minimice tus sentimientos incómodos en caso de que tu propuesta sea rechazada. Una técnica es darles a las personas el derecho de decir no, aceptar la posibilidad del rechazo. En un contexto social o de negocios es sabio hacerlo de una manera que le dé a ambas partes un mayor confort: "Me gustaría invitarte a bailar, pero por favor siéntete libre de decir que no si no lo deseas".

En este sentido, darles a los compradores o a los clientes en potencia la opción de decir no es una estrategia inversa a la usual; es la verdadera antítesis de la mayoría de las teorías de técnicas en ventas. Por lo general, los guiones y presentaciones de venta han sido desarrollados para arrinconar al cliente a estar de acuerdo con el vendedor. Si esto en realidad funcionara, ¡habría muchos más súpervendedores!

Resulta paradójico que, al darles a las personas la oportunidad de decir "no" les sea más fácil sentirse libres de decir "sí", pues es parte de la naturaleza humana responder como cada quien siente. Las personas se sienten respetadas cuando se les da la opción de escoger entre sus acciones, no importa lo pequeña que parezca esa opción. Cuando le damos a la gente una opción, estamos generando la posibilidad de que baje la guardia.

En un contexto de oficina podríamos decir: "Mark, necesito a alguien que me ayude a mover unas cajas de mi oficina a la bodega, pero por favor no lo hagas si te representa un inconveniente". Cuando les das a las personas la oportunidad de decir no, se reducen los dolores que asocias con recibir un "no", que es a lo que la mayoría de personas le llaman rechazo. Como estás expresando esta opción, también estás preparándote mentalmente para la posibilidad de recibir un "no". Resulta paradójico que, al darles a las personas la oportunidad de decir "no" les sea más fácil sentirse libres de decir "sí", pues es parte de la naturaleza humana responder como cada quien siente. Las personas se sienten respetadas cuando se les da la opción de escoger entre sus acciones, no importa lo pequeña que parezca esa opción. Cuando le damos a la gente una opción, estamos generando la posibilidad de que baje la guardia.

Darles a los demás una alternativa es la piedra angular del respeto. Cuando ellos sienten tu respeto, se tornan naturalmente receptivos. ¡Entonces es más probable que su respuesta sea "sí"!

Incrementa el respeto ofreciendo alternativas

Pedirles a tus clientes lo que deseas, como concretar el negocio o solicitar una cita, no es nada distinto —desde un punto de vista de sentimientos— a preguntarle a alguien si quiere bailar contigo. Este sentimiento se reduce cuando les das el permiso, ya sea verbalmente o en tu cabeza, de que te digan que no.

El "no" suele venir disfrazado de objeción o queja y por lo tanto es vital que tengas oídos sensibles. Cuando recibas un "no" por parte de un cliente, no lo deseches; por el contrario, acógelo. Debes saber que los compradores y los clientes en potencia dicen "no" en una gran variedad de formas, algunas deliberadas y otras sutiles. De la misma manera en que resulta incómodo recibir un "no" cuando pides algo, también es difícil para los clientes decirlo (fue por eso que le dimos a la persona del baile una alternativa). Algunos clientes son muy creativos para decirte "no" y aun así dar una buena imagen. El "no" viene a menudo disfrazado de cortina de humo o en forma de una objeción o crítica.

Un ejemplo de un "no" claro es la típica objeción cuando llamas a solicitar una cita. El cliente potencial puede decirte: "Yo tengo un proveedor con el que estoy feliz" o "No tengo el tiempo…" Entonces el típico vendedor diría: "Ah, muy bien. ¿Podría entonces enviarle algunos folletos?" El cliente acepta y el vendedor se apacigua. Ahora se sienten mejor. Su síndrome de oídos felices se ha diluido de nuevo porque el cliente potencial le ha dicho que sí a algo.

Resulta vital reconocer —con cada fibra de tu cuerpo— que los clientes tienen todo el derecho a decir que no, en la forma en que escojan hacerlo, y que tú también tienes todo el derecho a solicitar lo que deseas, una y otra vez.

En este escenario de llamadas en frío podrías emplear la estrategia inversa respondiendo: "Steve, este paquete de software que represento es revolucionario. ¡Recuerda que las objeciones son la esencia de la venta! Por eso te pido que lo evalúes, duda de él, ensáyalo, pero por favor no te pierdas de la oportunidad de descubrir lo mucho que te ayudaría en tu proceso de contabilidad. Si accedes a reunirte conmigo por una hora, te prometo que no habrá ningún tipo de presión de venta. De hecho, si quieres proceder a hacerlo, será por tu propia iniciativa".

Al final de la cita, no hay nada que te detenga de decir: "Steve, te prometí que no habría ningún tipo de presión. ¿Qué crees que deberíamos hacer? La decisión es tuya". Una vez hagas una pregunta, guarda silencio y déjalo responder. Hablar antes de que él lo haga es entrar a ejercer presión. Si la respuesta a proseguir con la venta o a seguir en contacto es "no", respeta su decisión.

A lo mejor otro cliente utilice una manera sutil de decir que no. Digamos que estás en la tercera reunión con Mary y resulta que todo parece funcionar muy bien y entonces decides presentarle tu producto o servicio. Una vez más, reiteras lo que crees que son sus necesidades y luego le haces la pregunta: "Mary, ¿ves alguna razón por la cual no podamos ser tus proveedores?"

Cuando Mary responda: "He escuchado que tienen problemas con las entregas", no te desanimes. En lugar de eso, debes estar dispuesto a explorar esa preocupación. Preséntate como alguien confiado al prestarte para profundizar en el tema y explorar los puntos contenciosos y explorar el problema de una manera no confrontadora.

Es fundamental ver cada preocupación como un posible "no" y saber que esta preocupación podría convertirse en un obstáculo para futuros negocios si la dejas de lado al considerarla poco importante. Anima a tu cliente a revelar y discutir todos sus reparos. Lo que resulta curioso (y paradójico) es que luego de discutirlos, los compradores y los clientes potenciales con frecuencia los dejan de lado. Pero, si no los animas a explorar sus reparos y objeciones, esas inquietudes seguirán estando allí y bloquearán tu negocio.

Cuando adoptas una actitud abierta y receptiva hacia cualquiera que sea la forma en que un cliente te dice "no", tu negocio crece puesto que, al comportarte así, tanto frente a un "no" como a un "sí", tu comportamiento es percibido como respetuoso de tu parte.

Cómo discutir objeciones y preocupaciones

Empiezas a discutir las preocupaciones de tu cliente al darle la oportunidad de hacerlo. En escenarios típicos del campo de las ventas los vendedores intentan evadir la confrontación hablando demasiado o muy rápido. Si el cliente no muestra ningún desacuerdo con ellos, con la compañía que representan o con el producto o servicio que están vendiendo, los vendedores sienten que todo está bien y que ha sido un buen proceso de venta.

Sin embargo, el proceso de venta desde una óptica inversa establece que nada está más lejos de la verdad que ese sentimiento. Debes estar dispuesto a que se dé el desacuerdo, la disensión, y sobre todo, el diálogo sobre temas polémicos con tu cliente potencial.

Desafortunadamente, muchas personas entran en una espiral de caída cuando reciben alguna respuesta distinta a retroalimentación positiva. Alguien difiere de ellas y de inmediato sienten desaprobación. Luego se derrumban por dentro y responden defendiéndose, justificándose o retirándose del proceso. Este ciclo de comunicación inmadura en realidad mantiene bajo tiranía a aquellos con quienes esta clase de persona sostiene una relación pues suponen que deben expresar tan solo lo que ellas quieran escuchar.

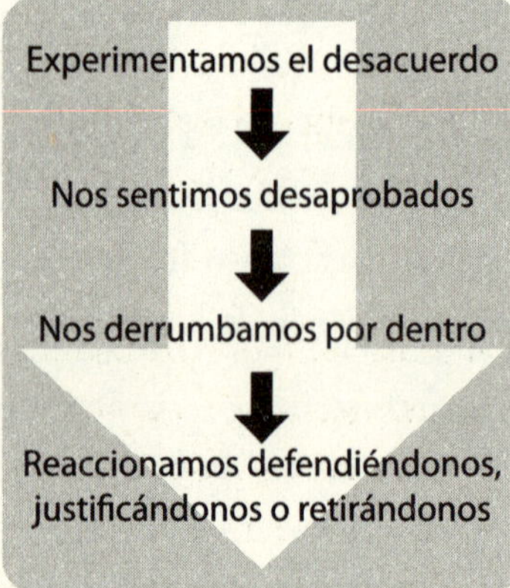

No sobra repetir que muchos vendedores sufren del síndrome de oídos felices y por tanto evitan las objeciones a toda costa; es así como se pierden del gusto de establecer relaciones de negocios mutuamente beneficiosas a largo plazo.

...muchos vendedores sufren del síndrome de oídos felices y por tanto evitan las objeciones a toda costa; es así como se pierden del gustode establecer relaciones de negocios mutuamente beneficiosas a largo plazo.

Darles a tus clientes potenciales y a los compradores ya establecidos la opción de decir "no", como lo demuestras con el hecho de estar dispuesto a recibir su objeción de manera abierta, te reporta cuatro grandes beneficios:

1. Crearás receptividad al ayudarles a tus posibles clientes y a tu clientela establecida a sentirse respetados y no arrinconados. ¡Las objeciones son la esencia de la venta!

2. Darás la impresión de ser alguien que se comporta con autoconfianza, no es defensivo y está abierto a retroalimentaciones de todo tipo.

3. Al obtener más información por parte de tus clientes —y por ende un mejor entendimiento de sus necesidades— superarás a tus competidores y harás más negocios. ¿Te gustaría tener que lidiar con un vendedor que no logra comprender los aspectos negativos que sus clientes enfrentan en el ambiente laboral?

4. Serás visto como alguien más accesible ya que una persona con menos defensas y sin preconceptos es mucho más agradable.

Maniobra alrededor de la objeción

En un juego de jockey debes maniobrar con el disco alrededor de los miembros del equipo contrario. En las ventas, las objeciones de los clientes son el disco —y tú debes saber cómo trabajar con una objeción a la vez.

Es beneficioso reconocer que una objeción de un cliente potencial no es un firme y final "no". Es más un coNOcimiento. Al objetar, lo que el cliente potencial quiere es saber más; necesita saber que tú puedes lidiar con algunas objeciones, lo cual se te convierte en una oportunidad para que averigües más sobre sus preocupaciones específicas y reducirlas haciendo uso de cinco conocimientos específicos:

Aprende a concretar pronto y lo más frecuentemente posible

Hazte esta pregunta: ¿Cuándo dejan de pedir los niños lo que quieren? Respuesta: cuando lo consiguen. Así que, ¿qué es lo que hacen los niños con mucho más éxito que los adultos? Ellos quieren con todo su corazón aquello que desean y están dispuestos a invertir todo su tiempo y energía en la búsqueda de lo que sea que los haga felices. Sin embargo, a medida que crecen y se convierten en contribuyentes a la sociedad se les enseña que es inapropiado perseguir sus deseos con pasión juvenil. Si pudiéramos recapturar nuestra niñez, también recuperaríamos las maravillas que vienen con el hecho de luchar por conseguir lo que queramos.

Cinco coNOcimientos específicos para tener en cuenta

Es esencial que conozcas:

1. Cómo se ve afectado todo tu negocio según sean tus productos o servicios.

2. Cuáles son tus necesidades actuales y cómo aprender a proyectarlas en un lapso de 1 a 5 años. También es primordial identificar cuáles son esos aspectos que podrían paralizar tu proceso de ventas. Por ejemplo, ¿cuál es tu presupuesto? ¿Cuál es tu posición competitiva en el mercado?

3. Por qué los posible clientes deberían escogerte a ti sobre tus competidores.

4. Dónde serían utilizados tus productos o servicios y quién más podría usarlos.

5. Cuándo hacer el cierre. Durante cada cita, pregúntale a tu posible cliente si está listo para hacer la orden de compra o procura que tome una decisión que te acerque hacia cerrar el negocio. Aprende a cerrar con prontitud y frecuencia. Un vicepresidente de ventas hace poco se quejaba diciendo: "No necesito vendedores que construyan relaciones; ¡necesito gente que cierre negocios!"

Como adultos, necesitamos recordar que conseguir lo que queremos no se trata de codicia o de un comportamiento egoísta. Si tienes una visión o un sueño, no estás siendo egocéntrico al querer hacerlos realidad. Cuando un vendedor es capaz de integrar el nivel de entendimiento de un adulto con la tenacidad de un niño, ya está listo para alcanzar resultados impresionantes.

Si no puedes maniobrar frente a las objeciones, lo más probable es que no logres alcanzar los resultados que esperas; al retroceder cuando las cosas se ponen un poco duras demuestras debilidad. Si no sabes cómo explorar ciertas objeciones y situaciones difíciles, entonces no serás un buen defensor de tu cliente. Ni tu organización, ni tu cliente se beneficiarán si no eres capaz de maniobrar alrededor de la objeción.

Si tienes una visión o un sueño, no estás siendo egocéntrico al querer hacerlos realidad.

Imagina que un cliente hace una orden de costosos componentes de instrumentación. El margen de tiempo para su envío es de 90 días, pero algo cambia y el cliente solicita que lleguen en 75 días. ¿Serás capaz de luchar por este cliente? Solo si eres determinado podrás ser un buen defensor. El darte por vencido fácilmente con las objeciones proyectará en tus clientes la imagen de que también te rendirás a la hora de resolver problemas. Ser amable y brindar apoyo, pero sin tener la habilidad de cerrar un contrato, es una indicación de que puedes ser inefectivo en el momento de solicitarle a tu jefe de operaciones alguna acción para atender las necesidades de un cliente.

Aceptar la retroalimentación

Hay tres actitudes que caracterizan a la mayoría de los vendedores:

1. Los que pueden, pero no lo hacen.
2. Los que pueden y lo hacen.
3. Lo que no pueden, pero aun así lo hacen.

¿Qué actitud tienes tú? Asegúrate de saber qué es lo que no sabes sobre tus actitudes y habilidades. Debes estar abierto a recibir ayuda por parte de fuentes externas, de aquellos que te observan y están dispuestos a ayudarte a identificar áreas en las que necesitas mejorar. Los profesionales verdaderamente efectivos no dudan en buscar nuevos recursos que les ayuden a alcanzar más metas.

Anticipar objeciones

Durante mis años de consultoría con equipos de venta siempre les he pedido a los líderes y a su equipo una lista de las objeciones que suelen recibir, y puedo decir sin temor a equivocarme que, de los equipos con los que he trabajado, muy pocos han completado la simple tarea de continuar con la lista. Para ser exitosos, los vendedores deben reflexionar sobre sus experiencias pasadas y así identificar las objeciones de los clientes. ¿Cómo pueden reaccionar ellos de manera efectiva frente a las objeciones si antes no las han identificado y por lo tanto no han preparado las respuestas apropiadas?

A continuación te ofrezco una lista de los obstáculos más comunes, barreras e impedimentos internos y externos —debidos a la personalidad, a los comportamientos aprendidos o a factores sicológicos— causados por no tener un sistema establecido para saber cómo lidiar con las objeciones:

Barreras internas para recibir objeciones

- » Los vendedores prefieren no conocer las típicas objeciones que podrían enfrentar porque saberlo les genera un permanente y elevado estado de tensión y miedo y por lo tanto no saberlas les permite sentirse más animados.
- » Los vendedores les creen a los oradores motivacionales y a los autores que afirman que debemos ser pensadores positivos y por lo tanto consideran que el hecho de anticipar posibles objeciones es pensar de forma negativa. ¡Pensar así es un error! La afición por el pensamiento positivo, sin conexión con la realidad, mantendrá al vendedor atrapado en la insuficiencia y condenado a convertirse en un feliz mediocre.
- » Por lo general, los vendedores no están dispuestos a aceptar la responsabilidad de llevar una lista de las objeciones más comunes que enfrentan.
- » Los vendedores no se dan cuenta de que si un posible comprador no tiene objeciones, lo más probable es que la venta no ocurra. Si los clientes no están lo suficientemente involucrados y comprometidos como para objetar, lo más probable es que no estén interesados en discutir los pros y los contras del producto o servicio en cuestión.
- » Los vendedores no son conscientes de que las objeciones del cliente son un medio por el cual él o ella optan por una u otra decisión. Un representante de ventas que no sepa lidiar con unas pocas objeciones es muy probable que no sepa cómo lidiar con ciertos problemas difíciles propios de la posventa.
- » Los vendedores no se dan cuenta de lo fácil que es lidiar con las objeciones sin tener ningún problema.
- » Los vendedores tienen una tolerancia muy baja a la incomodidad y ven las objeciones como una expresión de desapro-

bación hacia ellos. Tomarse todo a pecho es una respuesta de inmadurez emocional.

» Los vendedores tienen una tendencia neurológica a ser "nerviosos". Son incapaces de seguir el proceso de venta durante mucho tiempo y con frecuencia quieren concluirlo de forma prematura. No obstante, algunas veces es un proceso largo y convulso.

» Los vendedores no caen en cuenta de que los buenos tomadores de decisiones atraviesan por un periodo de debida diligencia. En lugar de intimidarse o impacientarse con el tiempo que les toma a sus posibles clientes sentirse cómodos, los vendedores podrían aprender a ayudarles a lo largo del proceso. Esto sin duda contribuiría a que ellos se ganaran la lealtad de su clientela.

» Los vendedores no pueden ni deben verse a sí mismos como consultores. Los consultores quieren develar problemas y buscar soluciones a largo plazo. La mayoría de los representantes de ventas lo que anhelan es un trato a largo plazo.

Solo hay seis objeciones dentro de esta industria que ocurren comúnmente y que los clientes emplean para disuadirte de intentar conseguir una cita. Una lista de estas objeciones es presentada en el Capítulo 12. Ahora, tómate un momento para compilar un inventario personal de las objeciones que sueles recibir. Objeciones que te presentan los clientes.

El siguiente ejercicio te asistirá en la elaboración de un inventario de las objeciones y situaciones que enfrentas de manera regular.

La afición por el pensamiento positivo,
sin conexión con la realidad, mantendrá a un
vendedor atrapado en la insuficiencia y condenado
a convertirse en un feliz mediocre.

Inventario de situaciones y objeciones

✔

Identifica las tres objeciones más comunes que recibes por parte de tus clientes potenciales sobre tu producto o servicio:

1.____

2.____

3.____

Anota tres posibles ejemplos o situaciones confusas que suceden con tus clientes y que te generan frustración y te dejan deseando tener una mejor respuesta:

1.____

2.____

3.____

Capítulo 2

Objeciones internas que sabotean el éxito

Como la mente es la herramienta más poderosa que tenemos es una lástima que la utilicemos para crear objeciones que minan nuestro propio éxito. "Pienso luego existo" puede volverse una profecía autocumplida . Debemos "hacer un barrido" de nuestros pensamientos y "actualizarlos" cuando nuestros conceptos ya no sean los apropiados, no funcionen o estén desactualizados.

Si pensamos en nuestra mente en términos de un computador, la memoria (el hardware), el sistema operativo y las aplicaciones (software) deben trabajar en conjunto para alcanzar resultados discernibles. Adicionalmente, le mente, como el computador, es propensa a ataques de virus. Sin embargo, la mente rara vez es provista de una actualización de software aunque también sea vulnerable a los "virus". Del mismo modo en que actualizamos con cierta frecuencia la memoria y el software de nuestros computadores, también necesitamos con urgencia actualizar nuestros modos anticuados de pensar y de actuar que nos impidan tener éxito. Un aspecto de nuestra forma de pensar, que requiere de frecuente atención, revisión y actualización, es la parálisis causada por exceso de análisis.

Tal y como la parálisis física inhabilita el movimiento, lo mismo sucede con la parálisis mental. La mente nos cuenta todo tipo de historias oscuras y cuentos de bruma y niebla. Llenos de ansiedad que surge de antiguos fracasos nos abrumamos con incontables preguntas y pensamientos negativos y los dejamos ingresar y acomodarse en nuestra situación actual. Empezamos a creer en toda esa propaganda que nos hace la mente y nos quedamos atorados en una encrucijada de dudas, miedo e inseguridad. Sin embargo, tú tienes el poder de superar esa parálisis causada por exceso de análisis. No creas todo lo que piensas. ¡Creerte tus propias inseguridades puede ser una aventura muy costosa!

No creas todo lo que piensas. ¡Creerte tus propias inseguridades puede ser una aventura muy costosa!

Objeciones internas

Debemos trabajar muy duro para superar las siguientes objeciones internas:

1. Suposiciones culposas: cada éxito o fracaso comienzan con nuestra suposición básica sobre quiénes somos y lo que hacemos. Si nuestras suposiciones son optimistas, entonces es seguro que las acciones que resultan de ellas serán proactivas y por lo tanto traerán buenos resultados. Siendo que en cada acción emprendida hay un beneficio, es importante que te preguntes: "¿Qué verdades valiosas aprendí de esta experiencia?" Por lo tanto, recuérdate

a ti mismo: "Seré cada vez mejor si tengo en cuenta tanto los resultados positivos como los negativos de cada situación".

2. Expectativas no realistas acerca de otros: ¿esperas que ese contacto que has cuidado con tanto esmero le lleve tu mensaje al encargado de la toma las decisiones económicas de su empresa? ¿Le has abdicado tu poder a alguien más? Si tu contacto no hace lo que esperabas y pierdes el negocio, no lo culpes. Cuando no eres tú mismo quien se dirige a la persona que toma las decisiones, tomas el riesgo de caer víctima de tu propio invento.

3. La no muy buena apariencia: unos zapatos brillantes son una sonrisa en tus pies. Verte desarreglado no va a generar confianza en ti por parte de tu posible cliente. Vestir el atuendo apropiado es la respuesta pues tienes una sola oportunidad de causar una primera impresión. A lo mejor ni por medio de trabajo duro te sea posible borrar esa primera impresión negativa.

4. El lenguaje inapropiado: imagina cómo se siente tu posible cliente si, luego de haber expresado una preocupación, tú le dices: "No, usted no entiende". Esta respuesta le echa la culpa al cliente y sugiere que él o ella tienen tanto un problema de escucha como de comprensión. En lugar de eso es más conveniente decir: "A lo mejor no estoy siendo claro. Permítame formularlo de otra manera". El cliente espera que tú seas un experto que sepa proveerle información empleando el lenguaje técnico propio del caso. Evita referirte a tu producto como "cosa" y evade términos repetitivos como "bien", "claro", "ehm", "ah" y otros por el estilo. Si usas una terminología vaga, lo más probable es que tu cliente potencial no te compre tu producto, ni confíe en tu solución a sus problemas.

5. El lenguaje corporal: no solo se trata de las palabras que decimos, ni de cómo las digamos; nuestro lenguaje corporal también hace la diferencia. Por ejemplo, los brazos cruzados sobre tu pecho dan un mensaje de estar cerrado, no dispuesto a escuchar y quizás a la defensiva. Una postura corporal cerrada manda el mensaje de que "nada sale, nada entra".

6. Extrema timidez: las personas tímidas suelen ser retraídas y estar preocupadas por la impresión que están causando. Una solución a la timidez es enfocarse en el cliente y hacerle preguntas. Así darás la impresión de estar interesado y ser atento, extrovertido y menos retraído. Si la practicas a diario, tu habilidad para afrontar se convertirá en tu segunda naturaleza. A medida que se disipe tu timidez, esta será reemplazada por confianza y éxito.

7. La falta de entusiasmo: las personas no fracasan por culpa de lo que no saben; fracasan porque no les entusiasma lo que sí saben.

8. Aferrarse a un cliente potencial que hace tiempo murió: deja que los clientes poco prometedores se vayan a la competencia. Como cantaba Kenny Rogers en su canción *The Gambler* (El apostador): "Debes saber cuándo los tienes, saber cuándo doblegarlos, saber cuándo retirarte y saber cuándo correr…"

9. Decir y hablar mucho: ¡la regla 80/20 es perfecta! Al permitirles a tus clientes hablar durante el 80% de la conversación aprendes más sobre sus anhelos, necesidades, deseos y preocupaciones. Al hacerles preguntas y responder a sus inquietudes contribuyes a la conversación.

10. Criticar a la competencia: si mencionas a los competidores con nombre propio, les estás haciendo propaganda. Si intentas parecer grande tratando de hacer ver pequeños a los demás, terminarás por perder la contienda.

11. No saber cómo manejar el proceso de ventas por teléfono: Es un error presionar al cliente para obtener una respuesta —cualquier respuesta— en lugar de entender el proceso que él o ella deben seguir. Algunos representantes de ventas prefieren presionar para cerrar el negocio y obtener un "no" en lugar de avanzar con cuidado y esperar la respuesta.

12. Perfeccionismo: "No puedo porque"… o "Debería, pero"… o "¿Qué pasaría si…?" Como vimos en el Capítulo 1, cuando permitimos que las dudas dicten nuestros pensamientos, nos vemos envueltos en un estado de parálisis causada por mucho análisis. Los perfeccionistas solo repiten aquello que ya saben cómo hacer bien. Muéstrame un perfeccionista y te mostraré un experto en posponer.

Los perfeccionistas solo repiten aquello que ya saben cómo hacer bien. Muéstrame un perfeccionista y te mostraré un experto en posponer.

Ellos evitan llevar a cabo otras tareas que tiendan a desafiar su nivel de conocimiento o habilidad o que los lleven a cometer errores. La duda perpetua los anima a volver a la misma experiencia una y otra vez y a pensar en lo que hicieron mal. El vendedor exitoso convierte los fracasos en un proceso positivo al hallar maneras de neutralizar las objeciones del cliente y volverlas la esencia de la venta.

13. No darte opciones a ti mismo: siempre que te digas a ti mismo que deberías estar haciendo otra cosa en realidad te estás intimidando para no alcanzar un nivel más alto de desempeño. Un vendedor exitoso sabe que darles opciones a los clientes

suele asegurar una venta. ¿Por qué estos mismos individuos no reconocen su propia necesidad de tener una opción y continúan castigándose a sí mismos con la palabra "debería"?

Remplazando la parálisis por exceso de análisis

Cuando deben enfrentarse a una lista de nombres para hacer llamadas en frío o de objeciones con las cuales lidiar, la mayoría de los vendedores se hace una gran cantidad de preguntas propias de su inseguridad. Estas son algunas de las más comunes:

» ¿Qué pasaría sí… ella se enfurece conmigo?

» ¿Qué pasaría sí… ya tiene un proveedor con el que está satisfecho?

» ¿Qué pasaría sí… me siento asustado o nervioso?

» ¿Qué pasaría sí… me hacen una pregunta y no sé la respuesta?

» ¿Qué pasaría sí… me veo como un tonto?

Las preguntas más valiosas son aquellas que nos hacen los clientes, no las que nos hacemos a nosotros mismos. Las preguntas tipo "Qué pasaría si…" son las que paralizan a los inseguros y los vuelven víctimas de su propio diseño. Cuando nos hacemos este tipo de preguntas, en realidad estamos siendo egocéntricos. Si en cambio les hacemos esas preguntas a los otros, nos volvemos lo contrario: con la capacidad de preocuparnos por los demás. El viejo dicho "a los demás les importa lo mucho que sabes hasta que saben lo mucho que ellos te importan a ti". funciona en la industria de ventas. Hacerles a los clientes preguntas relevantes es una manera fácil de demostrarles que ellos nos importan.

Si lo que buscas es entender las necesidades y deseos de tu interlocutor, inicia la mayoría de tus preguntas con las frases: "¿Qué hay de...?" y "¿Qué pasaría si...?" Esto hará que él o ella reflexionen, que sean conscientes de necesidades que no sabían que tenían. Como resultado, ellos serán más receptivos contigo y con tu producto o servicio.

Un análisis de las necesidades de tu cliente produce un paso hacia adelante y un momentum que potencia el proceso de venta. El autoanálisis crítico conlleva a las dudas interiores y a un comportamiento de autoderrota que causa parálisis por análisis.

¿Y qué?

La pregunta que te libera a ti, el vendedor, de la parálisis por análisis es: "¿Y qué?" Es probable que no tengas todas las respuestas, pero cuentas con la capacidad de aprender de tus experiencias y construir un arsenal de información para usos futuros. Cuando ya la tengas, aborda de nuevo al cliente, sin importar tu anterior duda o error.

Cuando estés procesando una orden de tu cliente a lo mejor descubres que olvidaste algo que era de vital importancia. Puede que te encuentres diciendo: "¡Oh, no, se me olvidó preguntarle sobre esto!" Si te sucede, solo repítete: "¿Y, qué? Al menos ahora ya tengo la mayoría de la información y seré capaz de hacerlo mejor la próxima vez". Revisa la conversación para saber en realidad qué objeciones internas que sabotean tu éxito olvidaste y luego llama al cliente para solicitarle esa información adicional que todavía te falta.

Supón que tu cliente quiere comprar 100 sillas y tú anotaste la cantidad, los colores y los modelos. Cuando regresas a tu oficina te das cuenta de que no le preguntaste para cuándo quieren él o ella recibir el pedido. ¿Y qué? En lugar de reprocharte por la omisión, toma el paso proactivo de llamar al cliente y pedirle la confirmación de la fecha de entrega.

En otra situación, puede que encuentres un fuerte reproche al intentar entender las preocupaciones del cliente. ¿Y qué? Esa no es una afrenta a tu carácter. Es el resultado de un cliente que tiene dificultades lidiando con problemas causados por su propia situación. Otros apreciarán tu empatía incluso si un cliente reaccionó de forma negativa.

Con mucha frecuencia los vendedores permiten que el 5% de su clientela difícil establezca la manera de lidiar con el restante 95% receptivo.

Fracasar es parte del proceso

Si realizas una evaluación honesta de tus errores, aprenderás lo que debes hacer. Es alucinante escuchar a alguien decir: "Está bien cometer un error. Tan solo asegúrate de no cometer el mismo dos veces". No solo está bien cometer errores, también está bien repetir el mismo error, solo si todavía debes aprender algo al respecto. Una de las herramientas de aprendizaje más poderosas que tenemos es la repetición por voluntad propia.

Cuando las personas fracasan o cometen un error, su mente les juega trucos como un medio de protección y defensa personal. Entre ellos está la negación, que es la clásica respuesta ante una pérdida. Como adultos, parecemos ser incapaces de llorar completamente nuestras pérdidas, incluso aquellas en que resulta necesario; de manera que dentro de nosotros reside un pequeño elemento de rabia sobre esas pérdidas, el cual busca culpar y avergonzar a los otros y a nosotros mismos. El próximo paso es la negación de nuestros propios fracasos y echarles la culpa a la competencia, a la economía o al jefe. Ese es el camino del cobarde.

La forma valiente es aceptar toda nuestra responsabilidad por los resultados. Lo que deriva de esta respuesta más madura es que al aceptarla empezamos a ver la solución de forma más clara y más veloz. Para ayudarte a sobrellevar este proceso, repítete: "Tendré que superar eso de que 'con mucha frecuencia los vendedores permiten que el 5% de su clientela difícil establezca la manera de lidiar con el restante 95% receptivo'". Estas palabras también aplican a una larga y repetitiva verdad: ¡Nada dura para siempre!

Es perfectamente normal sentir miedo. Una fuente de miedo es la preocupación, como por ejemplo hacia el futuro. Cuando asumimos que en el futuro estaremos peor de lo que ahora estamos, debemos recordarnos: "Estoy seguro; es solo el cambio".

Sigue adelante. Deja que tu respuesta al miedo incluya experimentar tus sentimientos. Luego enfrenta el reto de volver al ruedo. Si te quedas varado en sentimientos de pérdida y rabia, terminarán por convertírsete en un lodazal de pensamiento pesimista.

Es importante que admitas, contigo mismo, la verdad desnuda. La verdad suele doler, pero es solo un dolor temporal. Cuando pones un plan de acción a andar junto con tus debilidades, tus saboteadores internos huyen y tu verdadero potencial sale a flote.

Muchas personas se quedan esperando a que el tiempo les resuelva sus problemas personales y que el éxito sea el resultado de esa espera. Pero así no funciona. Los resultados dependen de nuestras acciones y proporcionan una imagen mejorada o disminuida de uno mismo.

El universo está organizado alrededor de —y premia— la acción. Uno de mis mentores solía decirme: "¡No tiene sentido orar, si no emprendes acción!" Muchos vendedores se mueven de una compañía a otra llevándose con ellos sus debilidades. Es mejor reconocer una debilidad y tomar las medidas necesarias para corregirla que esperar a que el tiempo, la suerte o el siguiente trabajo te traigan una solución.

Cosecha tus debilidades

Utilizo la expresión "cosechar debilidades" porque, tal como un granjero cosecha sus cultivos para obtener ganancias, también es posible que coseches tus debilidades y obtengas ganancias de ellas. En un principio es difícil enfrentar tu lado oscuro —tus debilidades, tus miedos—, pero tu potencial radica en emprender acciones y transformarlos; remítete a la Figura 1.

Cuando llegamos al final de nuestra segunda década de vida y a comienzos de la tercera observamos que nuestros logros requirieron del uso de nuestros talentos naturales; pero muy pocas personas se dan cuenta de que sus debilidades también son una fuente de potencial, fortaleza y éxito.

Los triunfadores monitorean su progreso y se ajustan de acuerdo a sus necesidades. Ellos cuentan con poder de negociación, saben delegar y enseñarle a su equipo de trabajo lo que le es menester aprender y así como llegan a duplicar o incluso cuadruplicar su éxito. Pero ellos suelen valerse de un secreto poco conocido: sus miedos y debilidades, que al ser confrontados se convierten en fortalezas. Las debilidades que no son reconocidas son un arma que saboteará (y lo harán) la mejor de las intenciones. Los éxitos que alcanzamos a temprana edad usualmente los logramos valiéndonos de nuestras fortalezas y talentos naturales. Sin embargo, el éxito continuo depende de la construcción de un puente que una nuestras fortalezas con nuestras debilidades.

Cuando identificamos una debilidad e implementamos un plan de acción consistente, una nueva fortaleza emerge. Este proceso les es bastante familiar a los vendedores exitosos. Ellos saben que toda meta que valga la pena va a causar una cierta cantidad de dolor. Pensar lo contrario es ser ingenuo.

A continuación hay una lista de debilidades que influyen en tu futuro éxito en las ventas. Revisa aquellas que te apliquen y agrega otras que tengas.

Figura 1: Cosechando las debilidades

Debemos entender esto antes de poder subir las escaleras de la consolidación.

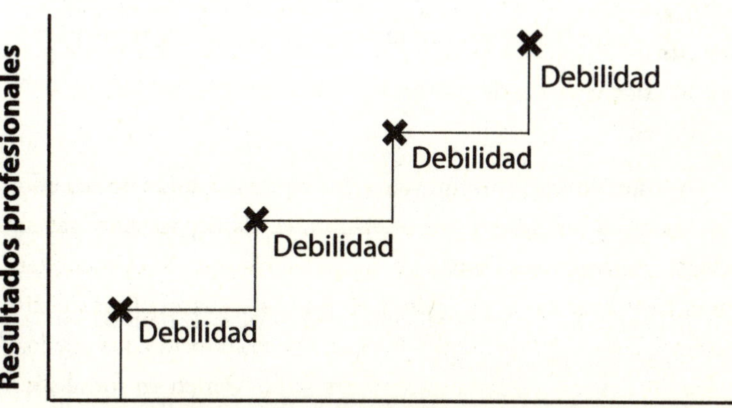

El desempeño mejora con el tiempo
Debilidades identificadas + Acciones emprendidas para superarlas = Mejores resultados profesionales

Debilidades comunes que sabotean el éxito

✔

- » Al ser confrontado, me justifico y defiendo mis comportamientos.
- » Tengo pobres habilidades para explorar e indagar.
- » Tengo pobres habilidades para escuchar.
- » Soy consistente en el manejo del tiempo.
- » Soy malhumorado, tengo tendencia a la autocompasión y tiendo a resentirme con los demás.
- » Quiero incrementar mis ventas y sin embargo evito hacer llamadas en frío y buscar clientes potenciales.
- » Me siento incómodo frente al silencio y hablo demasiado.
- » No soy capaz de expresarme por escrito.
- » Soy complaciente. Necesito sentirme aceptado y por lo tanto evito la confrontación y opto por prometer más de la cuenta.
- » No sigo el ritmo de trabajo y por lo tanto pierdo oportunidades.
- » No soy capaz de comunicar a mi equipo, a mis clientes e incluso a mí mismo mis intenciones e ideas y no sé cómo dar instrucciones claras.
- » Me aterra hablar en público; mis habilidades de oratoria son menos que profesionales.
- » Soy incapaz de ser asertivo y carezco de autoconfianza.

Caso de estudio: transformando las debilidades

Jane se describía a sí misma como alguien inteligente pero poco preparada; ambiciosa pero con bajo desempeño; se consideraba como un potencial en bruto. Jane asistió a uno de mis talleres, llamado "Todo lo que quieres está del otro lado del miedo". Trata sobre el aprendizaje de estrategias para transformar el miedo en coraje y este en atención enfocada.

Durante el taller se sentó en frente y parecía bastante agitada. Me acerqué a ella en el receso y le pregunté cómo le iba. Jane vio en mi pregunta un permiso para desahogarse y así lo hizo. Había algo en ella, una desesperación por avanzar combinada con un sincero deseo de hacer el trabajo necesario y esto me llevó a invitarla a almorzar. Sin embargo, en el almuerzo no hubo tiempo suficiente para llevar a cabo un proceso de *coaching*, enseñarle o guiarla hacia la transformación que ella claramente deseaba.

La siguiente es una descripción del proceso de cambio y aceptación de debilidades personales que Jane experimentó. Ahora ella tiene una compañía muy exitosa que incluye un negocio de arriendo de condominios dirigido a una clientela internacional. Entre sus clientes figuran varias estrellas de cine.

Para el final de nuestra primera reunión habíamos identificado cinco miedos clave, y los miedos inherentes a estos, que ella quería transformar:

1. Miedo a la confrontación —que en ella se presentaba como su inhabilidad para controlar sus emociones y sentimientos. Cuando una o varias personas la confrontaban —o si ella sospechaba una crítica—, se ponía a la defensiva y atacaba

como medida de protección. Ella sabía identificar y discutir los efectos de este patrón en su vida, pero no se sentía capaz de cambiar. Estaba de acuerdo con que era necesario desarrollar sus habilidades de comunicación al igual que la capacidad para manejar sus sentimientos y emociones.

2. El miedo a no tener el tiempo suficiente era un gran obstáculo pues se estaba embarcando en estos cambios a la edad de cincuenta años y ella sentía que esta transformación le costaría gran esfuerzo.

3. El miedo a la inseguridad económica le hizo sentir que debía tomar un empleo cualquiera en lugar de invertir tiempo en sí misma para descubrir sus verdaderas habilidades y perseguir sus pasiones.

4. El miedo al rechazo la estaba destruyendo pues gastaba demasiada energía intentando que la gente la aprobara. Cuando las personas le decían su verdad, si no era lo que ella quería oír, sentía que la desaprobaban. En consecuencia, ella evadía situaciones donde pudiese experimentar desacuerdos (existe diferencia entre desacuerdo y desaprobación).

5. El miedo a las objeciones le hizo sentir que debía ofrecer comentarios brillantes o arriesgarse a parecer tonta. Como resultado, se le trababa la lengua en cualquier oportunidad en que alguien le planteara la más ligera objeción.

La voluntad de Jane para explorar estos miedos (debilidades) y poner un enfocado plan de acción en movimiento se convirtió en la piedra angular sobre la cual su nueva vida empezó a florecer.

Cada debilidad debía ser explorada en muchos niveles porque se manifestaba en múltiples áreas de su vida. El miedo al rechazo salía a flote cuando debía lidiar con ejecutivos corporativos. Los sentimientos de ansiedad se hacían tan fuertes que se quedaba muda o hablaba demasiado. Logró superar esta debilidad entrevistándose conmigo después de cada cita importante y explorando lo que podía hacer de manera distinta la próxima vez. Estaba abierta por completo a llevar cuenta de sus intenciones, su agenda escondida y las palabras y frases exactas que había utilizado durante la cita.

Jane siguió mis consejos y aquellos de otros expertos y profesionales, y practicó las estrategias desarrolladas para adaptarse a la situación. Era un privilegio ser testigo de su compromiso a la hora de implementar los principios aprendidos integrando a la vez nuevas respuestas a su personalidad durante el proceso. Su habilidad para buscar expertos y solicitar ayuda es una de las fortalezas esenciales que ella fácilmente reconoció (solicitar ayuda es clave para prosperar en cualquier nivel). Otra fortaleza esencial es su habilidad y voluntad de emplear los consejos recibidos sin necesidad de adoptar una actitud defensiva. Su habilidad para reflexionar de una manera objetiva le ayudó a reunir un inventario exacto de sus competencias establecidas y debilidades ocultas. Alcanzar un mínimo profesional puede ser desalentador para algunos, pero para Jane era motivante.

Durante este proceso de crecimiento personal y profesional acelerado Jane tuvo periodos en los que pensaba cosas como: "¡Simplemente no hay tiempo para todo lo que quiero hacer!" Sin embargo, sí hubo tiempo, y siempre lo hay, para el crecimiento personal y profesional. Fue solo cuestión de semanas lo que nos tomó rastrear una correlación ascendente entre su crecimiento personal y su crecimiento profesional. Ella se acopló con rapidez a las lecciones aprendidas y las aplicó a situaciones similares. Fue entonces cuando supimos que su cambio y crecimiento iban a ser algo permanente y no temporal.

Jane aún me llama con la misma frecuencia, pero sus llamadas empiezan con frases como: "Alice, ¡no me lo vas a creer! Acabo de cerrar un negocio con una gran compañía para alojar a sus ejecutivos visitantes" o "Alice, ¡adivina qué! ¡Acabo de comprar una casa de $300.000,00 dólares sin cuota inicial!" Jane jamás habría alcanzado este tipo de metas si no hubiese estado dispuesta a profundizar en sus debilidades y trabajar hasta llegar al otro lado de sus temores.

Jane hizo su trabajo. Estaba dispuesta a practicar cinco conceptos básicos:

1. Sentirse incómoda alcanzando sus metas. Tuvo que pagar un precio por su éxito: salir de su zona de confort una y otra vez.

2. Ser imperfecta y desempeñarse de manera imperfecta en cualquier cosa que hiciera (acordamos hacerlo con base en el principio clave del dominio personal: si hay algo que valga la pena hacer, hay que hacerlo así sea de forma imperfecta).

3. Esforzarse para ser consistente a la hora de implementar sus habilidades.

4. Aprovechar su desesperación para obtener la verdadera voluntad de hacer el trabajo (tenía el regalo de la desesperación de su lado).

5. Solicitar ayuda y ser influenciada por los demás (esta es una señal de salud mental e inteligencia).

La desesperación de Jane fue el principio de nuestra conexión y el motivo detrás de su éxito. En este punto, ella se volvió totalmente enseñable y dispuesta a cambiar. El cambio la hizo sentir incómoda, pero no tanto como se hubiese sentido de haber continuado negando sus miedos y debilidades.

Como en realidad ocurre con todo el mundo, el tiempo estaba de su lado. Sus ideas a veces son rechazadas, pero ahora ella maneja bien sus emociones y sentimientos. Ya no se siente desaprobada o derrotada si alguien no está de acuerdo con lo que ella dice. En cambio, utiliza la situación para animar a su interlocutor a decirle más. Si alguien le expresa una diferencia de opinión, ella explora esas diferencias en lugar de intentar convencer a esa persona para que piense como ella. De esta manera se vale de las objeciones para avanzar en la venta. Continúa con el proceso de explorar sus debilidades porque sabe que detrás de cada una hay una fortaleza esperando a ser transformada.

La solución del 1%

Para cuando llegamos a los últimos años de nuestra segunda década de vida y a los inicios de la tercera nuestras fortalezas nos han servido bien y es momento de aprovechar nuestras debilidades. Aunquela la tarea de enfrentarlas parece intimidante, contemplar la alternativa de seguir estancados parece aún peor.

Debes estar dispuesto a crecer un 1% a la vez. Cuando seas el 65% competente, estarás en el nivel experto —profesional— y podrás cobrar por tus servicios.

Dentro de diez años, hagamos lo que hagamos, seremos todos diez años mayores. ¿Por qué no usar ese tiempo para avanzar en lugar de quedarnos varados en un estado de remordimiento, decepción y duda? ¿Por qué no valernos de esos sentimientos para mejorar nuestra ganancia potencial?

He aquí un ejemplo de capitalización de resultados: si te ofreciera un centavo al día y te prometiera darte el doble cada uno de los días siguientes, ¿trabajarías para mí? La mayoría de las personas diría que no porque no entiende el potencial de un centavo que se multiplica a través del tiempo. Permitirte mejorar un 1% a la vez tiene el mismo potencial al aplicarse a tu poder adquisitivo.

Descubrir y acoger nuestras necesidades sin juicios de por medio se convierte en un punto de poder. Cuando damos inicio a un plan de acción para superarlas, nos vamos riendo todo el camino de vuelta al banco. Debes estar dispuesto a crecer un 1% a la vez. Cuando seas 65% competente, estarás en el nivel experto —profesional— y podrás cobrar por tus servicios. A medida que crezca la demanda por tu experticia, también lo hará tu sentido interno de poder personal benevolente. ¡Y todo habrá empezado con un 1%!

Capítulo 3

Cómo manejar las emociones y los sentimientos

En general solo hay seis objeciones que corresponden de manera específica a cualquier sector de la industria de ventas. ¿Sabes cuáles son las objeciones específicas a tu sector? Si no las sabes, no estás funcionando de forma tan efectiva como podrías. El propósito de este capítulo es ayudarte a manejar tus emociones y sentimientos para que estés mejor equipado para identificar esas objeciones, y así, en el proceso, aprendas a utilizarlas para aumentar tus ventas.

Piensa en un buen amigo que de repente llega de visita. En general, te sientes emocionado y complacido, incluso si ese amigo viene en un momento inadecuado. Tu nivel de estrés es mínimo o inexistente. Recibir y manejar objeciones puede ser igual de apacible.

Pregunta: ¿Por qué los vendedores no hacen las paces con las objeciones de los clientes y están preparados para ellas? Respuesta: ¡Por miedo!

El vendedor que está más inclinado hacia la pasividad que a la acción seguirá convenciéndose a sí mismo de no presionar al cliente porque cree que así le dará un mejor manejo a cada objeción. Por lo tanto no le hará suficientes preguntas y sin lugar a duda estará menos preparado para entender los problemas subyacentes y las preocupaciones del cliente; si todo esto fuera debidamente atendido por parte de este poco arriesgado vendedor, eso mismo conllevaría a una resolución del problema más clara y apropiada. Gran parte del personal de ventas no busca la fuente de una objeción pidiendo más detalles, ni la explora haciendo preguntas porque en realidad no quiere saber o no tiene las respuestas. Entonces ¿por qué molestarse en preguntar?

El vendedor que está más inclinado hacia la pasividad que a la acción seguirá convenciéndose a sí mismo de no presionar al cliente porque cree que así le dará un mejor manejo a cada objeción.

¡Seis pasos rápidos para manejar objeciones!

1. Sé receptivo a las objeciones.
2. Sé consciente de todas las objeciones que es probable que llegues a recibir.
3. Desarrolla un buen lenguaje/guion para manejar objeciones ya anticipadas.
4. Prepárate para sentirte incómodo y desempeñarte de manera imperfecta.
5. Implementa tu sistema aun con todo y sus imperfecciones.
6. Solicita o trata de descubrir de manera constante nuevas objeciones.

Si el personal de ventas no sabe cómo manejar las objeciones, de entrada evitará buscarlas. Ese es otro ejemplo de miedo. Pero, si aumentas tu comprensión de cada objeción, irás conociendo las objeciones más frecuentes e irás teniendo una respuesta razonable para cada una de ellas —y tu resistencia a recibir objeciones desaparecerá poco a poco. ¡Imagínate eso!

La raíz del problema

Cuando un vendedor escucha una objeción, una consulta o un motivo de preocupación, por lo general los recibe como un problema y se apresura a ofrecer una solución; también los percibe como un rechazo hacia él mismo y tiende a escaparse con rapidez. Esas respuestas inmediatas rara vez son efectivas porque no hay un entendimiento real de la fuente del problema. Quienes sientan miedo no harán preguntas que busquen entender por completo los motivos de la objeción. El cliente ha presentado una objeción por una razón y es la responsabilidad del vendedor descubrir los problemas subyacentes a ella y las preocupaciones del cliente.

La verdadera solución del problema de un cliente está contenida y será descubierta en el examen de la fuente del problema, no al concentrarse en los síntomas. Imagina que vas al médico porque te duele un pie y el médico te trata los síntomas pero no remueve una astilla de vidrio que tienes atrapada en el talón. Te provee alivio temporal, pero el problema no se ha ido. De igual manera, la ansiedad y/o el miedo harán que el vendedor se concentre en sus propios sentimientos en vez de hacerlo en aquello que está asociado a la objeción.

Manejar las emociones y los sentimientos

El primer paso para alcanzar el éxito es desarrollar tu habilidad para manejar tus emociones y sentimientos. Esto no quiere decir que no debas tenerlos; lo que significa es que tú debes manejarlos en vez de que ellos te manejen a ti. Piensa en un perro moviendo su cola. Ahora piensa en la cola moviendo al perro. En otras palabras, tus ventas se volverán efectivas si reconoces tus sentimientos de miedo, duda e inseguridad y después los transformas.

Sentirse inseguro es válido, pero el nivel de agitación que sientes cuando haces una llamada en frío puede no ser una respuesta apropiada, considerando que el cliente no es una amenaza para tu ser físico. Una ansiedad enorme es desproporcionada y por lo tanto debilita tu desempeño.

A menos que desarrolles la habilidad de vivir en medio de la ambigüedad y de sentimientos de incomodidad querrás evitar cualquier circunstancia que te haga sentir ansioso, pero vas a languidecer bajo la carga de tus sensibilidades. Como resultado, tus experiencias de vida serán limitadas.

El primer paso para manejar tus sentimientos y emociones cuando tratas con los clientes (y de hecho con cualquiera) es estar dispuesto a sentirte incómodo. Las personas más exitosas que conozco son aquellas que aprenden a vivir con los sentimientos constantes de incomodidad en su pecho o su estómago. Cuando la mayoría de gente se siente ansiosa, supone que es la situación u otra persona lo que la hizo sentirse así. Es probable que hayas oído a alguien decir: "¡Me haces sentir tan incómodo!" La siguiente reacción de aquellos que no saben cómo controlar sus sentimientos de ansiedad a menudo es desquitarse y atacar a la persona que se los desencadenó o activó. Su respuesta defensiva es decir/pensar: "Me hiciste sentir mal".

Este es un ejemplo de proyección en el que alguien tiene sentimientos incómodos y siente presión a causa de la confrontación y, sin embargo, después culpa a otros por su reacción a esa confrontación.

A menos que desarrolles la habilidad de vivir con la ambigüedad y con sentimientos de incomodidad, querrás evitar cualquier circunstancia que te haga sentir ansioso, pero vas a languidecer bajo la carga de tus sensibilidades. Como resultado, tus experiencias de vida serán limitadas.

Cuando te sientas molesto estando cerca de alguien, procura preguntarte: "¿Qué es lo que tanto se activa en mí frente a él o ella?", "¿Qué es lo que me ocurre que comienzo a predecir consecuencias terribles cuando pienso en hacer llamadas en frío o en hablar en público?" Cuando reconoces que hay un patrón con el que te bloqueas emocionalmente con ciertas personas o situaciones, logras planear con antelación y desarrollar una estrategia para responder de manera elegante y adecuada a situaciones difíciles.

El segundo paso es contarte a ti mismo la parte más noble de esa situación que estás pasando y los sentimientos que has asociado con respecto a ella o a la persona involucrada. Si cambias tu mentalidad de negativa a realista —sin las consecuencias espantosas—, eso ya es un milagro. Y este tipo de milagros no es difícil de experimentar, solo requiere de un cambio en tu percepción.

La próxima vez que te sientas irritado a causa de una situación o una persona considéralas como una oportunidad para desarrollar tu dominio sobre tus emociones y sentimientos. Cuando estés buscando el lado más noble de esa situación, a menudo encontrarás algo que te enseñe una lección o cause algún tipo de esperanza, sin importar cuán pequeña sea. Cuando aprendas a volverte constante con esa estrategia, estarás desarrollando tu propio plan personal de dominio. En vez de ser una víctima de tus descontroladas emociones y sentimientos habrás aprendido a dominarlos. ¡La vida nos presenta oportunidades en forma de enojos solo para que aprendamos a superarlos! Podría decirse que la vida se resuelve en el proceso de la vida misma.

La próxima vez que te sientas irritado a causa de una situación o una persona, considera esto una oportunidad para desarrollar tu dominio sobre tus emociones y sentimientos.

Cuando tengas la oportunidad de elevar tus percepciones, siéntete agradecido, pues estás elevando tu dominio personal.

Tres factores que contribuyen al bajo rendimiento son:

1. La inhabilidad de tolerar sentimientos de incomodidad.
2. El deseo de tener un desempeño a la perfección.
3. La implementación inconsistente de un sistema.

Un plan promedio implementado a menudo es mejor que un plan excelente implementado de manera ocasional.

Esta es una transcripción de una conversación que tuve con el vicepresidente de un banco nacional:

—VP: “Después de que trabajes con mi equipo, quiero que ellos se sientan confiados”.

—Alice: "¿Si el presidente de este banco lo llama a su oficina y le pide que dirija una nueva iniciativa, usted le diría: 'Pero Sr. Presidente, no me siento confiado en esa área'"?

—VP: "Por supuesto que no. Me pondría a trabajar y a aprender lo que necesito".

—Alice: "Exacto. ¿No es su capacidad de manejar los sentimientos incómodos lo que en verdad quiere de su equipo?"

—VP: (Con una mirada de comprensión reflejándose en su cara) "Por supuesto, la habilidad de proceder mientras sienten miedo e incertidumbre".

—Alice: "Bien. Entonces yo les mostraré cómo desarrollar esa habilidad".

La confianza es buena siempre que esté presente, pero sola no te ayuda a llegar muy lejos. Más importante aún es la capacidad de actuar al sentirte inseguro. El poder y la potencia de una persona se desatan cuando el miedo, la duda y la inseguridad la visitan, pero no la dominan.

Tres componentes claves para el éxito

Las personas más exitosas son aquellas que:

1. Están dispuestas a sentirse incómodas. Ellas saben que para estar por encima del promedio tienen que salir de su zona de comodidad. Sopesan la probabilidad de una ganancia a largo plazo contra la incomodidad a corto plazo y escogen seguir adelante.

El poder y la potencia de una persona se desatan cuando el miedo, la duda y la inseguridad la visitan, pero no la dominan.

2. No tienen la necesidad de ejecutar todo siempre a la perfección. No piensan: "¿Qué tal si cometo errores y otros se enteran?" O: "Quiero que solo me vean de manera positiva, así que voy a esperar a poder hacerlo a la perfección". Los triunfadores han desarrollado la capacidad de trabajar pese a sentirse inseguros e incómodos. Más aún, están dispuestos a cometer errores.

3. Saben que el esfuerzo constante lo es todo. El poder de mejorar 100% ahora, de manera constante, día tras día, aumenta cuando ellos están dispuestos a hacer lo mejor que pueden en el momento. Por desgracia, hay quienes posponen de manera indefinida lo que deben hacer ahora mismo porque quieren salir del punto de partida no como principiantes, sino con la capacidad y fluidez de un veterano. Si somos realistas, todo aquel que acepta un nuevo reto se tropieza. Solo los verdaderos veteranos se ven tranquilos.

¿Quieres hacerlo perfecto? ¡Supéralo! El 65% es una cantidad crucial de tu competencia que te eleva al nivel profesional en el que puedes cobrar por tus servicios. ¿Recuerdas la canción de Neil Diamond?

Camino al cielo
Compadecemos al pobre
Al tímido e inseguro
Que quería todo perfecto
Y esperó demasiado.

Capítulo 4

Los peligros del perfeccionismo

¿Recuerdas a Peter Falk en *Columbo*? Él implementaba de manera constante un sistema de aparente ineptitud: "Pero sigo sin entender... Podría, por favor, explicarme una vez más, si *x* es esto y *y* es esto otro, ¿cómo podría entonces suceder *z*?" La ineptitud de Columbo era un sistema operacional bien reconocido llamado programa de dominio, uno de dos enfoques comunes para recoger información y aprender.

Por analogía, podemos comparar esos dos enfoques a una grabación de audio. Vamos a llamar a uno de los enfoques el lado A. Unas cuantas personas nacieron con esta habilidad y, en efecto, son afortunadas. Quienes funcionan con un programa de dominio están dispuestos a cometer errores y por lo tanto creen que estos son un ingrediente importante en su éxito. Ellos no necesitan que todo sea perfecto para poder aprender, emprender e implementar un nuevo proceso.

Los individuos que llevan a cabo un programa de dominio pasan por tiempos difíciles y, cuando una situación difícil se les presenta, ellos se valen del conocimiento por el que tanto han trabajado y de su experiencia. Quienes se concentran en desarrollar su dominio piden ayuda pronto y están dispuestos a admitir que no conocen la respuesta. No sienten vergüenza por su falta de conocimiento. Cuando ven a miembros del equipo teniendo dificultades con sus tareas es probable que vayan a ayudarlos. No juzgan a los demás; en lugar de eso ofrecen asistencia y orientación, e incluso, tal vez lo más importante, si se ha cometido un error, ¡creen que ellos mismos lo cometieron!

Las personas que funcionan con un programa de dominio están dispuestas a cometer errores y en efecto creen que estos son un ingrediente importante en su éxito.

En cambio, en el lado B de la grabación está el programa perfeccionista. Las personas que funcionan con este programa creen que ellas son el error. Dado que los perfeccionistas son implacables y críticos en exceso consigo mismos, tienden a ser menos flexibles y menos tolerantes con los demás. Quienes adoptan este enfoque tienen que aprender a soltar de al 1%. En general los perfeccionistas tienen maravillosas intenciones iniciales, pero estas rara vez se traducen en acciones, y cuando el éxito no es tan grande como lo estaban esperando o viene demasiado lento, se sienten derrotados. Las Figuras 2 y 3 muestran las curvas de crecimiento y éxito de cada enfoque.

Programa perfeccionista

Una gran idea nace, pero los perfeccionistas no tienen todos los datos de inmediato. Quedan atrapados en la parálisis por análisis y esperan que alguien aparezca y descubra su genialidad. Puede que vean a la persona del programa de dominio (que de hecho tiene menos habilidad) teniendo éxito donde ellos fallarían. El resultado de esta aparente injusticia es que los perfeccionistas tienden a juzgar el mundo como un lugar injusto donde la gente que no alcanza la perfección es mejor recompensada y por eso acumulan pensamientos de resentimiento y reproches para reconfortarse.

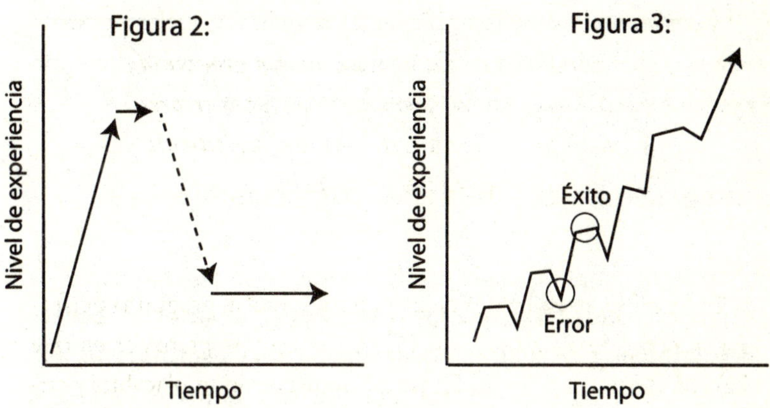

Programa de dominio

Empiezan con una idea, una visión y un 1% de capacidad, sabiendo que la experiencia se irá desarrollando en el camino.

La zona de comodidad

La verdad es que no estarás cómodo la primera vez que pruebes un sistema nuevo. Querrás regresar con desespero a tu zona de comodidad o, para formularlo mejor, a una zona de incomodidad conocida. Es natural que te sientas así; la mayoría de las personas lo hace. Lanzarte sin todas las habilidades, incluso cuando sientes ansiedad y agitación, a la larga es más fácil que ver a aquellos que son menos competentes encantar a los clientes, cerrar negocios y moverse a la cabeza del grupo. Después de una cirugía, la sensación de tu piel sanando es bastante incómoda. Formar nuevos hábitos se siente así. Todo aquel que intenta nuevas técnicas o nuevos sistemas se siente incómodo, artificial —e incluso un poco manipulador— hasta que los nuevos procesos se van integrando a su equipo de habilidades.

Es el momento de estar dispuesto a vivir y manejar tus sentimientos incómodos. La mejor manera de integrar nuevos comportamientos es llevar a cabo un proceso de revestimiento.

Integrar (revestir) un nuevo comportamiento

Integrar implica implementar un nuevo comportamiento de manera repetida hasta que los sentimientos negativos al respecto desaparezcan. Este es un enfoque utilizado por *Toastmasters International* —una organización sin ánimo de lucro que se destaca en el campo de la comunicación y el liderazgo— para ayudarle a la gente a superar su miedo a hablar en público. El discurso rompehielos provee la introducción perfecta para aprender a pronunciar discursos al pedirle al orador que prepare una presentación de cinco minutos sobre un tema sencillo: el orador mismo. Este irá avanzando de manera gradual hacia tareas que sean más complicadas y durante este proceso el miedo empezará a disiparse. Sin embargo, los sentimientos de miedo no abandonan nunca al orador por completo. De hecho, emplear ese miedo es lo que le provee del combustible y entusiasmo para hacer futuras presentaciones.

Se les ha preguntado a quienes caminan sobre el fuego que revelen el secreto para ser capaces de caminar descalzos sobre carbones ardientes. Sus respuestas te sorprenderán: ellos dicen que la razón por la cual pueden caminar sobre carbones ardientes es porque nunca pierden su nerviosismo. Una reacción fisiológica a sentirse nerviosos es la transpiración o sudor, y es este precisamente lo que, de hecho, impide que sus pies se ampollen. El día en que uno de ellos pierda su miedo es el día en que abandonará el proceso o que lo llevará a encontrar alternativas para hacer que sus pies suden antes de caminar sobre carbones ardientes.

Superar el miedo a las llamadas en frío

Uno de los métodos que utilizo con los vendedores para ayudarles a desensibilizar el miedo a las llamadas en frío está descrito en mi libro *Prospect & Prosper: Cold Calling Strategies for the Feint of Heart.* La llamo la Regla para Llamar en Frío 256. Durante este proceso, el miedo a llamar en frío se disipa a un ritmo predecible. Así funciona:

Empiezas con tu intención de estar dispuesto a llamar en frío. Pones esta intención en la lista "Actividades laborales diseñadas para ayudarme a alcanzar el éxito". Dado que hay 256 tonos de gris entre el blanco y el negro, ese es tan buen número como cualquiera para el número de llamadas que tendrás que hacer antes de sentirte cómodo con el proceso. Este número es tan solo una manera de mostrar que superar el miedo a llamar en frío es un proceso gradual. Superar un miedo no es algo que pueda hacerse en un solo paso ni una sola vez.

En el proceso de integración o revestimiento haces una llamada a la vez. En cada llamada observas tus pensamientos y tus respuestas emocionales, tu disposición a llamar y tus tendencias a procrastinar. Pronto el miedo comienza a desvanecerse hasta que apenas queda una pequeña parte. Necesitas mantener y aferrarte al 20% de tu miedo si quieres tener un éxito prolongado. Sin miedo no hay valor, —y este a su vez es el ingrediente activo que alimenta la motivación. La motivación significa la voluntad de sentir el dolor y pagar el precio por alcanzar nuestras metas.

Sin miedo no hay valor, —y este a su vez es el ingrediente activo que alimenta la motivación. La motivación significa la voluntad de sentir el dolor y pagar el precio por alcanzar nuestras metas.

Este concepto de integrar vino a mí cuando estaba oyendo una grabación de Deepak Chopra en la que explica que todo el mundo tendría más éxito en sus carreras y en sus relaciones si dejara de justificar y defender sus acciones o la ausencia de ellas. Cuando lo oí decir esto tuve una epifanía y supe que nunca sería la misma de nuevo. ¡Dejé por completo de justificar y defender! Empecé a hacerme preguntas como:

» ¿Por qué no estoy haciendo esas llamadas?

» ¿Por qué siempre siento que los demás me decepcionan?

» ¿Por qué quedé por fuera de ese negocio?

» ¿Por qué me molesta ese tipo de gente?

Todo el mundo tendría más éxito en sus carreras y en sus relaciones si dejara de justificar y defender sus acciones o la ausencia de ellas.

Tuve que integrar y revestir las situaciones en las que no tenía un dominio total de manera sistemática de resolver preguntas o de tener dominio personal, como las anteriores. Cuando te haces ese tipo de preguntas empiezas a asumir toda la responsabilidad. Toda tu vida se transformará al volverte una persona más empoderada.

Sí, todavía me siento insegura e incómoda cuando me veo confrontada con las opiniones desfavorables de otros, por las objeciones de los clientes potenciales, al hacer ciertas llamadas de ventas o cuando me hacen responsable de mis acciones de manera agresiva. Sin embargo, no reacciono a la defensiva. En vez de eso, en general respondo con este proceso de tres pasos:

Paso 1: ¡Dime más!
Paso 2: Gracias por compartirlo conmigo.
Agradezco la retroalimentación.
Paso 3: ¿Hay algo más que quisieras decirme sobre eso?

Esa reacción requirió de unas cuantas repeticiones antes de que pudiera despegarme emocionalmente de la confrontación; pero, con el tiempo, el recubrimiento funcionó.

Justificar y defender no es una manera de crecer

Cuando se ven confrontados con una objeción o una crítica personal, algunos vendedores pasan a una serie de racionalizaciones. Una respuesta preferible es hacer una pregunta sobre la preocupación expresada sin olvidar darle tiempo a la persona para que responda a tu pregunta. Tu interés parece genuino al mostrar cortesía y respeto.

Siempre sabes si te estás justificando y defendiendo por las palabras que usas al principio de tus frases:

» Sí, pero...

» Pero es distinto para ti...

» Es fácil para él/ella. Pero para mí...

» No puedo porque...

» Sin embargo...

» Eso no funcionaría para mí...

» Sí, pues se lo merecía porque...

» Eso ya lo sé...

No había una justificación para no manejar las objeciones antes de que empezaras a leer este libro. Ahora que lo tienes en tus manos, definitivamente no hay excusa o defensa para no ser capaz de manejarlas. Ahora tienes los parámetros para ayudarte a lidiar con un "no".

Capítulo 5

El mito de la confianza

Todo emprendedor que se mueve en el mundo de los negocios quisiera que los clientes fueran más fáciles de encontrar, desarrollar y mantener. Como seres humanos, nos gustaría que muchas cosas fueran más fáciles de alcanzar. Es una fantasía esperar que alguien venga y nos rescate de los aspectos difíciles de aprender y manejar un nuevo negocio. Cuando entendemos que la situación no se pondrá más fácil, tomamos cursos y leemos libros sobre cómo desarrollar confianza y autoestima. ¿Adivina qué? ¡Eso tampoco funciona!

El único camino a la confianza es a través de la competencia. Solo te sentirás confiado si has manejado suficientes objeciones y le has preguntado a suficientes clientes para poder entender sus problemas y necesidades. La confianza llega con la competencia; no hay ningún otro camino. Me gustaría poder escribir un libro que te permitiera desarrollar confianza; pero incluso si pudiera, ese hecho te privaría de desarrollar las habilidades necesarias para lidiar con la vida en sus propios términos. Imagina cómo sería ser confiado sin ser competente.

Miremos la Figura 4, en la que veremos a Jill, que se está aventurando fuera de su zona de comodidad. La motivación de Jill para hacer algo nuevo es el resultado de ver su zona de comodidad como una zona de incomodidad. Cuando la zona de comodidad se torna demasiado incómoda, Jill se frustra, se deprime, está ansiosa y empieza a dudar de sí misma. También tiene resentimiento hacia sus amigos y su familia que están ocupados cumpliendo sus sueños. Al fin el dolor se vuelve demasiado para ella y está dispuesta a salirse de su zona de comodidad.

Dos amigos, Jason y Tim, ahora se unen a ella. También están saliendo de sus zonas de comodidad y para ellos el miedo también es el sentimiento dominante. Jason, Jill y Tim sienten ansiedad y esperan que el camino sea difícil, pero como no tienen experiencia, ni tampoco tienen confianza, a mitad de camino sobre la curva de aprendizaje, la cosa se pone difícil y sufren un contratiempo. Tim y Jill vuelven directo a su zona de incomodidad conocida mientras Jason se vale de su conocimiento y su experiencia ganados a través de su trabajo duro, se prepara y enfrenta directamente la situación intimidante. Para Jason, Tim y Jill los sentimientos incómodos están ahí, pero para Jason esos sentimientos no desarman su determinación. Volver atrás no es una opción para él, así que Jason lucha para seguir hacia adelante de manera imperfecta.

A medida que Jason se vuelve más competente, la dificultad va disminuyendo. Es un ciclo progresivo y cada vez que el ciclo se repite Jason pasa a incomodidades más complejas. Después de un rato, el trabajo que tanto miedo le causó a Jason al principio se vuelve fácil, incluso rutinario hasta convertirse en su zona de comodidad y también tiene que ser desmantelada y de nuevo el ciclo vuelve a repetirse. La renovación constante de competencia le da un aire que los demás perciben como confianza. En realidad, es la seguridad interior de Jason lo que están percibiendo. Esta seguridad interior viene de la relación con la experiencia ganada a través del trabajo duro, no de desear o de escuchar charlas de inspiración. Esta relación con la experiencia provee una confianza sólida en la habilidad propia para sobrellevar tiempos difíciles o retadores. No hay otra manera —sin libros, sin seminarios y sin gurú —de alcanzar la confianza sino a través de la competencia.

Figura 4: La confianza se desarrolla a través de la competencia

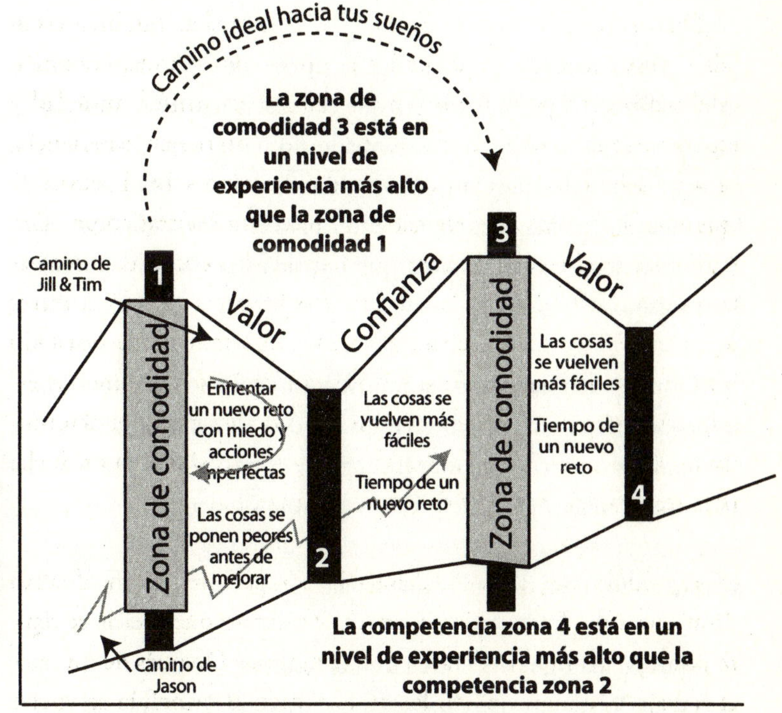

Aunque sea paradójico, debes pasar por los retos y las dificultades antes de construir autoconfianza y que esta se vuelva parte de tu carácter. Qué triste es que hayamos llegado a ver la autoestima y la autoconfianza como estados de gracia que se heredan o se dan y no que pueden ser alcanzados. *Everything You Want is on the Other Side of Fear (Todo lo que quieres está del otro lado del miedo)* es el título de mi tercer libro, de las series *GutsGoalsGlory* ™ *(Agallas-Metas-Glorias)* y resume más o menos una docena de miedos comunes y el camino a transformar esos miedos que de otra manera sabotearían el éxito.

Con más recursos personales a su disposición, Jason empieza a enfrentar nuevos retos. Cada vez que el ciclo se repite, su capacidad aumenta. El deseo de sentirse confiado no hace parte de su estado mental. Jason sabe que el miedo combinado con las acciones imperfectas son los principales ingredientes para el valor. Adquirir valor y competencia es más práctico que buscar una confianza suprema en sí mismo.

¿Dónde encontraríamos la motivación, el deseo de excelencia y autoprotección si nunca sintiéramos miedo? Todos triunfaríamos si pudiéramos movernos de nuestra zona de comodidad y llegaríamos a la competencia a paso fácil. Ese es tan solo un pensamiento fantasioso y ante eso digo: ¡En tus sueños! Algunos rasgos que ayudaron a Jason a salvar esa distancia incluyen:

1. Su capacidad de concentrarse en el resultado deseado.
2. Su habilidad para darse a sí mismo el derecho de alcanzar el éxito.
3. Su voluntad para hacer las cosas a pesar de saber que va a cometer errores. Para poder alcanzar más éxitos uno debe estar dispuesto a cometer más errores.
4. Su capacidad de pedir ayuda; ¡pedir ayuda no es hacer trampa!
5. Su disciplina. Hacer lo correcto tan solo porque es lo correcto.

6. Su voluntad de tener sentimientos incómodos.
7. Su voluntad de aceptar que hay un precio que pagar por todo lo que vale la pena tener.
8. Desapego: la capacidad de separarse del resultado.

Las cosas se pueden poner peor antes de comenzar a mejorar

Cuando intentamos aprender nuevas habilidades e implementar nuevos comportamientos, los sentimientos de incomodidad a menudo suelen empeorar antes de que empecemos a sentirnos cómodos.

Después de cada caída o cuesta, en la Figura 4, tenemos una sensación de confianza exacerbada que acompaña la comprensión de que hemos dominado una nueva competencia.

¿Recuerdas cuando aprendiste a parquear en paralelo? Es probable que hayas hecho cinco intentos, cada uno un poquito mejor que el anterior. Luego, un día, ¡bingo! Parqueaste en paralelo sin problema. Ese fue el momento en el tiempo en que llegaste a la zona de competencia que muestra la Figura 4. Es probable que llegara sin ser notada, pero tu capacidad para parquear en paralelo nunca más fue cuestionada. Cuando emprendes nuevos retos con frecuencia, te vuelves competente en nuevas habilidades, desarrollas resiliencia, competencia y solo entonces tendrás confianza. Después buscas nuevos retos y recompensas más grandes. Eres consciente de que no eres inmune a encuentros no programados con el miedo y la agitación, sin embargo, no organizas tu vida para evitarlos. Estás dispuesto a enfrentarlos cuando llegan, a enfrentar la vida en sus propios términos.

Cuando emprendes nuevos retos con frecuencia,
te vuelves competente en nuevas habilidades,
desarrollas resiliencia, competencia y
solo entonces tendrás confianza.

El valor es la respuesta

La confianza en sí misma, ya sea que la tengas o no, es en este punto una cuestión discutible porque eres capaz de sentirte incómodo y tener éxito de todas formas. Eres capaz de combinar el miedo con acción incondicional y movimiento y todo se ha convertido en parte de la rutina familiar con tus clientes y tus clientes potenciales. Gracias a tu paso por el campo de la incomodidad se te ha vuelto más fácil escuchar realmente las preocupaciones, necesidades y objeciones de tu clientela. Estás dispuesto a sacrificar con facilidad tus propios sentimientos de comodidad con tal de permitir que tu cliente confíe en que te preocupas por sus problemas y preocupaciones. ¡Y verás los resultados!

En general, ninguna objeción significa que no habrá venta

Un cliente que no hace objeciones puede haber resultado reconfortante para ti antes, pero ahora debería darte miedo. En la medida en que comiences a entender este concepto empezarás a encontrar objeciones tú mismo y motivarás a los clientes a que revelen sus preocupaciones. Incluso aprenderás a anticipar sus preocupaciones y sus respuestas negativas. Más aún, sabrás que el pensamiento positivo sin fundamento en la realidad puede destruir tus metas laborales. Anticipa posibles objeciones y prepara respuestas a ellas y así, cuando aparezcan, sabrás recibirlas como recibes a un buen amigo que pasa a visitarte en un momento inadecuado. Los beneficios de recibir la visita compensan de lejos cualquier estrés temporal.

Por favor... desarrolla una lista de objeciones y situaciones en las que te encuentras en tus interacciones diarias con tus clientes y tus clientes potenciales. Después cotéjalas con lo que descubras en este libro. Si adoptas este consejo como parte de tu sistema, el éxito será tuyo, ¡lo prometo! Si no es ahora, ¿entonces cuándo?

Demasiadas veces en el pasado un cliente potencial ha mirado tu propuesta y la ha declarado perfecta. Confiado, incluiste a ese cliente potencial en tu pronóstico de ventas mensuales solo para quedar avergonzado en la siguiente reunión de ventas porque no volviste a saber de él. Ahora ya sabes, como yo que, cuando un cliente no tiene objeciones, ¡significa que no hay venta!

Desarrolla la habilidad de manejar objeciones. Cada nueva habilidad necesita de un periodo de aprendizaje por parte del principiante. Volverse receptivo a las objeciones de los clientes es un prerrequisito para el éxito. Cuando recibas la objeción, no empieces a hablar de ella ni muestres pánico. No es un rechazo hacia ti ni se te pide que tengas todas las respuestas. En cambio, haz preguntas para aclarar y entender la fuente de la objeción. Sobre todo, no esperes perfección de ti mismo ni de tus clientes.

El pensamiento positivo sin fundamento en la realidad puede destruir tus metas laborales.

Capítulo 6

Las preguntas son la respuesta, ¿no es cierto?

Te saludan en el lobby y te llevan hasta la sala de conferencias. ¿Ahora qué? Los primeros minutos de la venta son, sin lugar a duda, tan incómodos para el cliente como lo son para ti, el vendedor. Por fortuna existe una simple técnica para disminuir esta incomodidad y es fácil de aprender, y si te tomas el tiempo de dominarla, notarás un aumento en las ventas. Ese es el propósito de este capítulo.

El vendedor realmente profesional se hace cargo y crea sin esfuerzo una zona de comodidad para el cliente. Crear una zona de control es posible solo si el vendedor tiene un plan. Este plan se le presenta al cliente bajo la forma de un objetivo de llamada. El personal de ventas sabe que su trabajo es desarmar las defensas y los pretextos del cliente y hacerlo receptivo a revelar sus necesidades y preocupaciones (objeciones para comprar). De hecho, es probable que el cliente haya resuelto no ser susceptible a tu presentación.

Esas defensas deben ser disueltas antes de que puedas motivar al cliente en potencia a que te revele cualquier bloqueo para comprar. Solo al redefinir y explorar esos bloqueos serás capaz de pasar a la etapa de propuesta escrita.

Construye la zona de comodidad de tu cliente

La primera vez que te encuentras con clientes, ¿qué haces? ¿qué dices? Recuerda que es importante mantenerlos en su zona de confort. Si se están sintiendo incómodos, no se sienten bien con respecto a ti. Eres un extraño intentando venderles y te perciben como la causa de su incomodidad.

Crear y promover una zona de comodidad para el cliente es vital. Los siguientes cuatro pasos te ayudarán a lograr justo eso. Este proceso te ayudará a cerrar el trato con más frecuencia.

1. ¡Exhibe una gran y amplia sonrisa! Si le muestras a una niña pequeña una foto de su madre seria y una foto de una extraña sonriendo, ella escogerá mirar durante más tiempo a la extraña sonriente: las sonrisas son poderosas.

2. Hazle un cumplido. No tiene que ser personal; puede ser sobre el sitio web de la compañía o respecto al lobby de la oficina.

3. Dale un pequeño regalo, como una revista de negocios. Di: "Mi compañía tiene varias suscripciones a *Fast Company*, así que pensé en traer una en caso de que usted no haya tenido la oportunidad de procurársela". Aunque este regalo pueda ser considerado personal, es probable que sea aceptable hacerlo en la mayoría de las situaciones pues el resto del personal en la oficina del cliente también puede leerlo y compartir el beneficio.

4. Establece un objetivo para la llamada. Cuando le informas a un cliente lo que esperas alcanzar y en lo que quisieras que estén de acuerdo, el cliente dará un suspiro inconsciente de alivio. Habrás creado un marco alrededor de la llamada. Dile cuánto tiempo necesitarás, cómo procederás (haciendo preguntas como: ¿Está bien si me voy de aquí hoy con mis datos claros haciéndole un par de preguntas?) y cómo se desarrollará el proceso de ventas. De igual manera, asegúrate de preguntarle si hay algo que quisiera alcanzar o si le gustaría repasar algún aspecto en particular.

Crear un objetivo para hacer la llamada

Los objetivos para hacer la llamada son metas provisionales que debes cumplir para alcanzar la meta mayor de cerrar el negocio. Algunos ejemplos de estos objetivos son obtener la información que necesitas, conseguir los nombres de otros posibles contactos, saber cómo se toman en general las decisiones de compra u obtener una carta de intención.

Es necesario fijar objetivos para la llamada por muchas razones. Una de las más importantes es que puedas llevar a cabo una autovaloración al final de la llamada. Es cuando nos hacemos a nosotros mismos algunas preguntas difíciles de llamado a la verdad.

» ¿Tenía un objetivo para hacer esta llamada?

» ¿Cuál era?

» ¿Mi llamada cumplió ese objetivo?

» ¿Era práctico y real el objetivo de mi llamada?

» ¿A quién tengo que contactar ahora?

» ¿Qué es lo siguiente que tengo que hacer?

» ¿Quién puede ayudarme?

Crear un contexto

Un contexto es el marco, el contenedor que va alrededor de la situación. Por ejemplo, imagina un patio que está contenido por una cerca. Esa cerca crea el contexto de una propiedad. Cuando creamos un contexto con nuestros clientes, nosotros:

» Verificamos en qué parte del proceso estamos.

» Exponemos cuál es nuestro objetivo o meta para la llamada.

Por ejemplo:

"Juliet, hasta ahora nos hemos visto dos veces y a lo largo de esas reuniones me quedaron mucho más claras cuáles son las necesidades financieras de tu compañía. Ahora entiendo tu requisito de un programa de pago flexible debido a las fluctuaciones de los pagos por cobrar. Lo que propongo es que hoy revisemos tus requisitos de cambio de moneda y los asuntos relacionados. ¿Esto te parece razonable? Ah sí, y antes de irme te agradecería una copia del organigrama de tu compañía para poder entender mejor cómo fluyen las decisiones y las ideas".

Un instructor de ventas que se encuentra con un cliente potencial podría establecer este objetivo con su cliente:

"Entiendo que su compañía adquirió una prensa nueva por un costo sustancial y que están fuertemente interesados en usarla a su capacidad máxima. ¿Es esto correcto o estoy fuera de lugar con mi información?"

Si el cliente confirma que fuiste informado correctamente, podrías entonces decirle:

"Lo que quisiera que discutiéramos hoy es cómo le ayudo a los equipos de ventas a aumentar de manera significativa sus negocios sin incrementar sus horarios ni esfuerzos. Primero, tengo que hacerle un par de preguntas para entender el proceso de ventas que está llevándose a cabo en este momento. ¿Le parece bien eso? ¿Estaría usted dispuesto a concertar otra cita si vamos más allá del tiempo asignado?"

Si tu cliente acepta, empieza con tus preguntas. Las primeras no deberían estar cargadas. No debe haber ninguna carga emocional negativa. Por ejemplo, imagina reunirse con una vicepresidenta de mercadeo y ventas para discutir sobre el bajo rendimiento trimestral de su equipo y decirle de inmediato: "Entonces, cuénteme sobre el bajo rendimiento de su equipo en el último trimestre". Tendrás que hacer una versión de esa pregunta durante tu proceso de ventas, pero no hasta que hayas establecido alguna conexión, confianza y receptividad con tu cliente.

Algunas preguntas no cargadas son necesarias para romper el hielo y preparar el terreno. Yo hago mis preguntas en un proceso de tres pasos:

1. *Preguntas de conexión (ganándose el derecho)*

Normalmente hay entre cuatro y ocho preguntas generales sobre los negocios de tu cliente. Está bien hacerlas porque estás construyendo un puente con él. Al principio ambos estarán un poco incómodos, como la mayoría lo estamos al conocer gente nueva.

Tus preguntas de conexión podrían ser básicas:

» ¿Hace cuánto que la compañía tiene problemas?

» ¿Las fusiones recientes en nuestra ciudad han afectado a su compañía?

» ¿Cómo se mantiene competitiva su compañía?

2. *Preguntas para revelar las preocupaciones del cliente*

Esta serie de preguntas está diseñada para revelar áreas problemáticas. Sin embargo, NO te apresures con una solución. Cuando un cliente se queja de un problema y tú te abalanzas con una solución, muestras lo inteligente y competente que eres, pero es casi seguro que tu solución solo esté basada en una pequeña parte del problema entero. Esto también aumenta la probabilidad de que el cliente se sienta tonto y se ponga a la defensiva, lo cual tiende a disminuir cualquier deseo de hacer más revelaciones sobre los asuntos clave. Haz preguntas sobre el problema de la siguiente manera:

» ¿Qué asuntos laborales lo mantienen despierto en la noche?

» ¿Qué le ha funcionado en el pasado?

» ¿Qué otro tipo de soluciones ha ensayado?

» ¿Qué haría si el dinero no fuera un problema?

3. *Ramificaciones del problema principal*

En este punto, tus preguntas deben estar enfocadas en saber más sobre el problema principal. Explora con delicadeza los límites del asunto separando las ramificaciones del problema principal. No muchos lo saben, pero la gente no toma la decisión de cambiar a causa de su problema. Toma la decisión de cambiar a causa del dolor y las consecuencias asociadas con el problema.

Eliminar el bloqueo del cliente hacia el hecho de comprar

Descubrir las verdaderas necesidades de un cliente es un proceso complicado. Involucra preguntar, escuchar, repetir lo que oyes, hacer más preguntas, ser un poco paranoico, hacer más preguntas y al fin ayudarle a llegar a la decisión de que en efecto ambos trabajan bien juntos. Está bien e incluso es adecuado ser apenas un poco paranoico; no des por sentada una venta pendiente. Demasiados han contado su dinero antes de cerrar el negocio creyendo en sus propios pensamientos optimistas en lugar de hacer preguntas delicadas.

Ese es uno de los problemas con las filosofías de pensamiento positivo que hay en torno a la profesión de las ventas: ¡el pensamiento positivo sin sustento en la realidad lleva a un feliz desempeño mediocre!

Por lo general los vendedores, antes que el cliente, toman la decisión de que hay una coincidencia entre su producto o servicio y las necesidades del cliente. Dependiendo del tipo de venta puede que el cliente vaya entre 30 segundos atrás ¡y hasta dos años! La brecha entre el estado actual del negocio y la resolución anticipada a menudo es una carrera de obstáculos llena de objeciones, preocupaciones y condiciones.

...la gente no toma la decisión de cambiar a causa de su problema. Toma la decisión de hacerlo a causa del dolor y las consecuencias asociadas con el problema.

Desde la cita inicial para conocer al cliente hasta la implementación de la venta puede que incluso haya un cambio en el personal clave. Una asesoría formal de necesidades/problemas (Capítulo 7) no solo aumentará tus probabilidades de sobrepasar a tu competencia si un contacto clave llegara a irse o a ser transferido, sino que te ayudará a ser (y a parecer) más consciente, estratégico, organizado y lógico.

La asesoría de necesidades/problemas es un documento que vive y respira, que cambia y evoluciona cuando el clima de compra cambia y evoluciona. Cuando un vendedor tiene la capacidad de hacer preguntas y escuchar, en general goza de una buena relación con los compradores y los clientes potenciales; y en últimas, cosecha las recompensas financieras de esas relaciones. Un vendedor que funciona sin la capacidad de hacer preguntas ni de escuchar, no desarrollará una buena relación con los clientes. Lo máximo que un vendedor poco hábil puede esperar es que la competencia tenga incluso menos habilidad que él a la hora de entender al cliente.

El vendedor típico responde a un problema presentado por un cliente precipitándose con una solución. Hablar, hablar, hablar, contar, contar, contar, explicar, explicar, explicar y resolver, resolver, resolver el problema. De hecho, requiere de la reacción opuesta: hacer preguntas. El cliente potencial estará agradecido si muestras deseo sincero de entender sus preocupaciones y necesidades al hacer las preguntas apropiadas. Piénsalo de esta manera: la sabiduría, la comprensión y el conocimiento se ven potenciados por las preguntas. Hay momentos adecuados para hablar y, si muestras la actitud de querer entender de verdad las necesidades de tu cliente, ya habrá tiempo para mostrarle lo que sabes, ¡no antes de que te ocupes de sus necesidades!

Cuando un vendedor responde con una solución basada en un entendimiento del 20% del problema, la solución resolverá solo el 20% del problema. No hay muchas probabilidades de convertirse en el compañero de un cliente con este modo de comunicación. ¿Quién querría una relación con una persona que no lo entiende? Esa no es la calidad de una relación de negocios que tus cuentas más valoradas esperan de ti.

¿Por qué no les hacemos más preguntas, no solo a nuestros clientes, sino también a nuestros amigos y familiares? Durante el curso de mi propia experiencia me he encontrado en repetidas ocasiones con las siguientes siete razones.

Las cuatro palabras más peligrosas que cualquier vendedor podría pronunciar son: "Eso ya lo sabía". Los que dicen esto desprecian la exploración. La paradoja del que pregunta es, por supuesto, que la única manera de saber las respuestas es haciendo más preguntas.

Siete bloqueos al hacer preguntas

1. Desinterés

2. Egocentrismo

   » La atención está en mi cuota de ventas, en mi producto y en mi desempeño.

   » Sentir que rápidamente debemos probar nuestro valor.

» Estar interesado en preservar la imagen que se tiene de sí mismo y evitar el fracaso.

» La necesidad de estar en control.

3. Malos hábitos

» Egoísmo (tenemos muy pocos amigos que nos dirán lo que necesitamos saber).

4. Negación

» No querer saber la respuesta porque se requeriría de asumir cierta responsabilidad por lo que ha sido revelado.

5. Inquisidores heridos

» Cuando niños nos enseñaron a no molestar a las figuras de autoridad. ¡Los niños son para verlos, pero no para escucharlos!

» El sistema educativo y la escuela siempre se concentran en tener la respuesta correcta.

6. Ignorancia

» No saber que hacer preguntas les conceden permiso a otros para hablar.

» No saber que de hecho es de buena educación hacer preguntas.

7. Falta de habilidad

» No saber cómo preguntar con elegancia y gracia.

» No darse cuenta de que hacer preguntas es una habilidad que se aprende.

De las siete razones para no hacer preguntas que puse en la lista anterior, las dos con las que me encuentro con mayor frecuencia son: ignorancia —la gente cree que averiguar con preguntas es de mala educación— y falta de habilidad —la gente no sabe cómo hacer esas preguntas de manera que muestre respeto por los demás y por sí misma.

Figura 5: Descubriendo las preocupaciones de los clientes

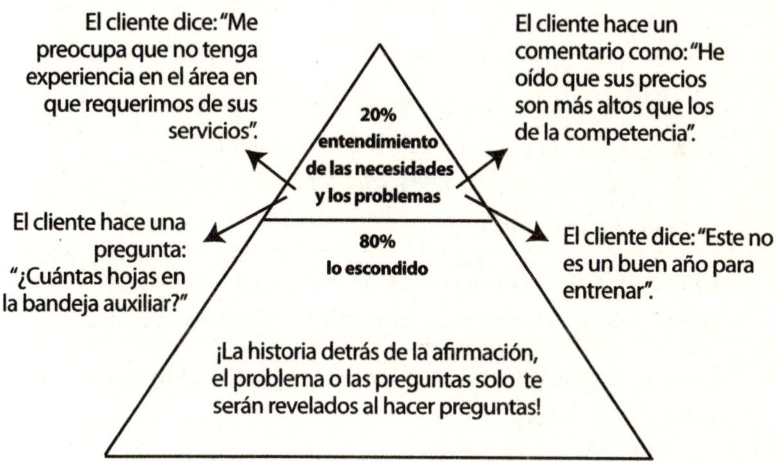

INTERACCIÓN TÍPICA ENTRE CLIENTE Y VENDEDOR

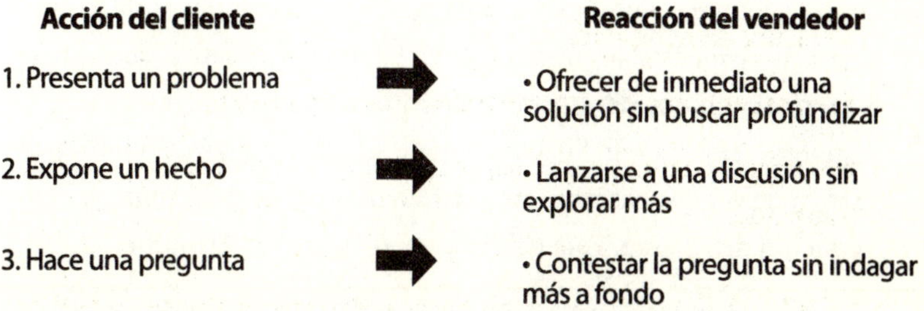

Acción del cliente		Reacción del vendedor
1. Presenta un problema	➡	• Ofrecer de inmediato una solución sin buscar profundizar
2. Expone un hecho	➡	• Lanzarse a una discusión sin explorar más
3. Hace una pregunta	➡	• Contestar la pregunta sin indagar más a fondo

Para contrarrestar estas tres reacciones típicas ofrezco las siguientes respuestas que son bastante fáciles de aprender y aplicar:

1. Cuando te presenten un problema, anima a los demás a profundizar en él diciendo: "¿Podrías decirme un poco más al respecto?"
2. Cuando alguien expone un hecho, ensaya contestar: "Porque..." Los resultados (información adicional) te sorprenderán antes de que estés siquiera a la mitad de la conversación.

Si tuvieras que hacer un solo cambio en tu carrera de ventas, haz este: amplía tu habilidad de desarrollar una conversación con el cliente. Esta habilidad te da la mayor maniobrabilidad.

---

3. Cuando te hagan una pregunta, fomenta la discusión diciendo: "Siento curiosidad. ¿Por qué pregunta eso?". Si introduces una pregunta de "por qué" con un "siento curiosidad", harás que la pregunta confronte mucho menos.

Haz preguntas para cerrar más negocios

Entender la cantidad de beneficios que trae consigo hacer preguntas y saber cómo estimular respuestas fáciles, simples y respetuosas garantizará una más alta ganancia en tus esfuerzos de ventas. ¿Estarías dispuesto a empezar hoy? Recuerda, practica de manera imperfecta en vez de esperar a la perfección. Las preguntas son la respuesta, ¿no es así? Si tuvieras que hacer un solo cambio en tu carrera de ventas, haz este: amplía tu habilidad de desarrollar la conversación del cliente. Esta habilidad te da la mayor maniobrabilidad.

Capítulo 7

Las asesorías resuelven objeciones

Los métodos tradicionales para manejar las objeciones suelen ser combativos. Por su parte, una asesoría para resolver necesidades/problemas es un proceso colaborativo que se lleva a cabo al hacer preguntas y obtener permiso de pasar al siguiente paso.

El punto de partida para cumplir cualquier meta que valga la pena es la intención. Cuando estás listo para enunciar tu intención, esta se vuelve evidente en tu vida. Sin embargo, el lado oscuro de la intención es que exista en tu interior un propósito oculto. Si es cuestión de simplemente lograr tu meta y sacarle lo que más puedas a la vida sin poner lo que se requiere de tu parte para lograrla, obtendrás resultados débiles.

Un ejemplo de intención digna es la búsqueda por encontrar algo bueno o noble en todas las personas con las que tratas. Con algunas, no es tan fácil. Se requiere de muy poco carácter para ser afable con alguien que ya de por sí es bondadoso, dulce, cuidadoso y complaciente. Pero la gente que pone a prueba nuestra ecuanimidad es, de hecho, un regalo; ellos nos obligan a buscar en lo profundo de nuestro interior para echar mano de todos nuestros recursos humanos.

Los intereses ocultos a menudo están asociados con querer parecer inteligentes a costa de otros; con ver a alguien fracasar o hacer menos esfuerzos que los de los demás e incluso tener sed de venganza. De hecho, muchas veces estamos proyectando una frustración que proviene de ciertas experiencias negativas del pasado en una situación presente. No saldamos las cuentas en ese entonces y de manera inconsciente intentamos saldarlas ahora. Esto se conoce como el "síndrome de patear al gato".

La respuesta está en revisar nuestras intenciones de manera congruente. Sin embargo, aunque suene simple, ese no es un proceso fácil. Para lograr una revisión ejecutada de manera adecuada se requiere de la habilidad de discernir fortalezas y debilidades sin juicios extremos. Si quieres hacerla, debes empezar por saber que necesitas ser consciente de que enfrentarte a una intención oculta suele ser un terreno resbaloso. En situaciones en las que tengas dificultades o conflictos, hazte preguntas como: "¿Puede ser que me esté volviendo codicioso/a?" O: "¿Qué hay en mí que me está impidiendo interactuar de manera efectiva con esta persona?"

Es posible que te sientas enojado, impotente o inadecuado en una o más áreas de tu vida y que estés celoso de alguien que parece estar en control a un nivel que tú todavía no alcanzas. Como resultado de esto, haces críticas. En ese caso, los juicios que emites en realidad son sobre ti mismo, aunque estés proyectando la envidia y la rabia hacia alguien más.

Analizar tus intenciones es uno método clave para acelerar tu crecimiento personal y la conciencia de ti mismo. Si lo haces, pronto serás consciente de quién eres en esencia. La mayoría del tiempo tendrás pensamientos generosos y amables sobre los demás. En ocasiones, notarás lo opuesto y entonces serás capaz de actuar de manera correctiva en tu interior. Si no te sientes seguro de lo que estás viendo cuando revises tus intenciones, esta es una pista: cuando te analizas y encuentras que hay en ti intenciones negativas, es probable que tus relaciones también sean negativas. A diferencia de un campo magnético, el campo de energía que hay dentro de todos nosotros disminuye esa "atracción entre semejantes", y ocurre lo contrario al refrán que dice que "Dios los crea y ellos se juntan".

Si tu intención sincera es conocer las necesidades de tu cliente para poder ayudarlo a resolverlas, entonces querrás usar esta lista de siete pasos:

1. Manifiesta tu intención diciendo algo como: "Si usted está de acuerdo, me gustaría hacerle algunas preguntas sobre sus necesidades/requisitos".
2. Explícale a tu posible cliente lo que él gana con esta interacción: "Lo que descubramos nos ayudará a entender mejor lo que mejor le funcionaría en su situación y entablaríamos un diálogo en el que usted expresaría sus ideas y preocupaciones".
3. Lleva un registro: "¿Está bien si tomo notas? No quiero dejar nada por fuera". (Date cuenta de cómo diste una razón de por qué estás tomando apuntes). Escribe todo y no justifiques, ni defiendas, ni respondas, ni des soluciones. Mira la Figura 6 de este capítulo.
4. Explica lo que tú ganas con esta interacción: "Sabré cuáles son los asuntos que a usted le afectan de manera tanto positiva como negativa y esta información me ayudará a crear una imagen más clara de sus necesidades únicas y de sus metas, para que al final de nuestra conversación yo cuente con todos los hechos".
5. Fomenta la retroalimentación y haz preguntas como: "¿Algo más?" "¿Qué más necesito saber al respecto?" "¿Qué le ha funcionado en el pasado?"

6. Crea una lista formal: con problemas a un lado y estado/resolución al otro (Ver Figura 6, Asesoría de Necesidades/Problemas).
7. Desarrolla este proceso de manera continua formulando las tres siguientes preguntas:

» ¿Qué cosa necesitaría usted que yo siguiera haciendo?

» ¿Qué cosa cree que yo debería dejar de hacer?

» ¿Qué cosa querría que yo empezara a hacer?

En escenarios distintos, substituye la palabra YO por otra más apropiada a la ocasión. Por ejemplo: ¿Qué cosa querría usted que LA COMPETENCIA no siguiera haciendo? ¿Qué cosa querría que EL EQUIPO DE VENTAS empezara a hacer?

Vale la pena mencionar que la razón para formular estas preguntas con la frase "Qué cosa..." es que no quieres que el cliente no dé una respuesta. Un límite de uno es fácil de resolver porque es definitivo. Pero siempre es útil preguntar: "¿Qué otra cosa querría usted que... ?"

Si le preguntas a un niño: "¿Qué aprendiste en el colegio hoy?", la respuesta más común es: "Nada". Sin embargo, obtendrías una mejor respuesta si le preguntaras: "Dime una cosa que hayas aprendido hoy en el colegio".

En la siguiente reunión con tu cliente, revisa la lista de problemas/necesidades en la que trabajaron en reuniones anteriores. Te será más fácil añadir, borrar o cambiar información según sea conveniente. A lo mejor esto te suene tedioso, pero los problemas corporativos y los retos cambian a diario y tú necesitas conocer esos cambios en detalle. No des nada, ni a nadie, por sentado.

Hacer una asesoría formal para resolver necesidades/problemas es de gran ayuda pues, mientras escribes la información, también agregas comentarios u otras ideas que le sirvan de apoyo al cliente. Otra excelente razón para llevar ese registro no solo es para que puedas recordar lo importante, sino para darte la opción de olvidar lo innecesario. Usas tu atención para estar concentrado en el momento de la reunión y así revisar las preocupaciones del cliente después de que ya hayan terminado la sesión de asesoría.

Tu formato de asesoría de necesidades/problemas es una herramienta valiosa para llevar a tu próxima reunión. Úsala al iniciarla para revisar y recapitular la reunión anterior. Comiénzala con un enunciado similar a este: "Antes de que empecemos, revisemos nuestra última reunión para ver si hay algo más que le gustaría agregar o discutir con mayor detenimiento".

Figura 6: Formalizar la asesoría de necesidades/problemas.

Problema	Estado/Resolución
1. Problema principal • 1era preocupación • 2da preocupación • 3era preocupación	1.__________ A__________ B__________ C__________
2. Segundo problema • 1era preocupación • 2da preocupación • 3era preocupación	2.__________ A__________ B__________ C__________
3. Tercer problema • 1era preocupación • 2da preocupación • 3era preocupación	3.__________ A__________ B__________ C__________

Después que obtengas una respuesta de tu cliente, estructura la presente reunión basándote en sus necesidades. En vez de usar la Figura 6, escoge dibujar un círculo con círculos satélite, como se muestra en la Figura 8, en el Capítulo 8. En cualquier caso, registra la información para tu próxima reunión y úsala como modelo para todas tus llamadas de ventas.

Herir con amabilidad y delicadeza

Deja que te explique el concepto de herir con amabilidad y delicadeza a tus clientes cuando discutan sobre sus problemas o necesidades. Cuando un cliente expone un problema, el típico vendedor se apresura a brindar una solución. Sin embargo, el vendedor bien informado hará preguntas, y el cliente, con razón, se sentirá un poco incómodo porque se están discutiendo temas y problemas sensibles. Pero tú debes seguir adelante a pesar de estar causando incomodidad porque solo cuando entiendas por completo la situación podrás ofrecer una verdadera solución.

A manera de ejemplo, cuando le hagas una llamada en frío a un vicepresidente de mercadeo y ventas, dile algo como: "Trabajo con líderes que siempre quieren pasar más tiempo con sus equipos de ventas, pero que parecen nunca poder sacar el tiempo para apadrinarlos, entrenarlos y guiarlos". Otra alternativa de esa misma idea también sería: "Apoyo las expectativas de un líder de ventas que quiere que todo se haga bien, pero que no tiene tiempo de mantener el compromiso con él mismo o con su equipo de trabajo".

Reconoce las intenciones del vicepresidente de mercadeo y ventas para que quede claro, a través de tus preguntas, que sus acciones no corresponden con sus intenciones. Si es el caso, procura decir: "Voy a ayudarle a que su equipo de ventas incremente su negocio de manera significativa sin que usted ni ellos tengan que trabajar más duro". La plataforma para hacer esa afirmación no existiría sin las respuestas del vicepresidente a tus preguntas iniciales de prueba, sin haberlo herido, pero con amabilidad.

El obstáculo que tiene que ser superado es nuestra incomodidad relacionada con hacer preguntas. Es como si estuviéramos oyendo voces adultas que refuerzan un comportamiento que aprendimos en la niñez.

» ¡No seas entrometido!

» ¡No molestes a los adultos!

» Los niños son para mirarlos, ¡no para escucharlos!

» ¿Quién te crees que eres y para qué estás haciendo todas esas preguntas?

Al recordar esas reprimendas nos convertimos tanto en indagadores heridos como en aprendices heridos. Digo aprendices heridos porque como estudiantes estábamos más concentrados en tener la respuesta correcta que en tener una mente curiosa y hacerles preguntas a nuestros profesores.

Las preguntas son la respuesta

Creemos que hacer preguntas ofenderá al cliente. Pero de hecho, es lo opuesto, pues la mayoría de las personas se siente halagada por nuestro interés en ellas y está encantada de contestar nuestras preguntas. Hay relativamente pocos (tal vez un 5%) que se sentirán ofendidos por las preguntas que les hagas para determinar sus necesidades corporativas. Pero ¿vas a manejar tus negocios según la reacción del 5% de tu clientela? ¡No! El éxito te llegará cuando lo manejes teniendo en cuenta al 95% de tu base de clientes potenciales. ¡Sírveles a las masas!

Capítulo 8

Los problemas son como icebergs. ¡Es cierto!

Cuando los vendedores oyen que un cliente manifiesta un problema, su instinto natural es estar a la altura de la ocasión con una solución sin darse cuenta de que al apresurarse a resolverlo impiden por completo el proceso de exploración. Si es un gran problema, lo más probable es que haya una variedad de circunstancias y necesidades relacionadas que requieran de exploración y discusión antes de formular una solución adecuada.

Es imperativo que el vendedor mantenga un enfoque abierto y sincero para entender las ramificaciones del problema. De nuevo, preguntar es la mejor manera de aprender. Imagina el problema como un iceberg. Menos del 20% es visible; el resto está escondido. No descubrir la porción faltante de la situación presentada por el cliente es como ir en una lancha directo hacia un iceberg. Te conectarás con el cliente, pero en realidad ninguno de los dos alcanzará su meta.

Figura 7: Los problemas son como icebergs

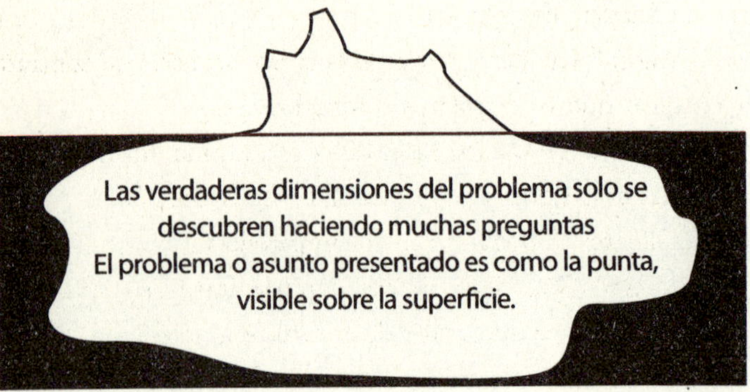

Caso de estudio

La historia detrás del problema presentado

Hace poco acompañé a Brad, un vendedor de bienes raíces, en una de sus ventas. Mi papel era observar sus acciones y evaluar sus habilidades de vendedor. En un momento dado me sentí obligada a participar cuando su cliente dijo que definitivamente necesitaba 18 parqueaderos para su equipos entre el nivel medio y alto. Intentando ser útil y demostrar su conocimiento del producto, Brad pronto tranquilizó a su cliente diciéndole que sabía de tres propiedades con 18 puestos de parqueo. No pude dejar pasar la oportunidad de entender la historia detrás de su problema así que le pregunté al cliente: "¿Le importaría decirme para qué necesita esos parqueaderos?"

Cliente: "Bueno, pues mudarnos conlleva suficiente estrés así que no quiero que ningún miembro de mi equipo administrativo vea este traslado como un buen momento para buscar otras oportunidades. Quiero asegurarlos dándoles un lugar para parquear".

Alice: "Si perdiera algunos miembros del equipo, ¿cuántos cree que serían?"

Cliente: "Unos cinco".

Alice: "¿Cuál cree que sería el costo estimado de contratar y entrenar nuevos remplazos y ponerlos al día?"

Cliente: "Al menos $200.000 dólares cada uno".

Alice: "¿A dónde irían esos cinco desertores?"

Cliente: "A trabajar con la competencia".

Alice: "¿Qué tanto impacto tendría esto en su reputación en el mercado y el desarrollo de nuevos productos?"

Cliente: "El impacto sería inmenso".

Alice: "¿Sabe usted de otros problemas que influirían en que los miembros clave de su equipo se fueran hacia la competencia durante el proceso de relocalización?"

Cliente: "Nunca había pensado en eso. He estado tan preocupado con la logística de la mudanza que no he explorado el cambio con mi gente".

Alice: "¿Sería valioso si le ayudáramos a resolver esto llevando a cabo un grupo focal con su equipo administrativo? Usted podría ayudarnos a desarrollar cinco preguntas que hacerle a su equipo durante una reunión de una hora. El proceso estará diseñado para que cualquier problema prevaleciente salga a la luz".

Se descubrieron otros asuntos y el grupo focal se convirtió en una experiencia definitiva para establecer la confianza suficiente para que Brad tuviera éxito obteniendo exclusividad con su cliente. Como espero que aprecies en este ejemplo, hacer preguntas nos permitió descubrir los asuntos complejos detrás del problema. Uno de los más cruciales era la retención de los miembros clave del equipo.

Al final, la propuesta de Brad se dirigió a la situación real —retención de los miembros clave del equipo— de una manera en que su competencia no pudo hacerlo. Brad tuvo éxito derrotando a sus competidores y asegurando un mandato (el de únicamente buscar y negociar el espacio apropiado). ¡Esos excelentes resultados fueron propios de un par de preguntas adicionales y de otra reunión de una hora con el grupo focal!

Cuando las ramificaciones (asuntos y necesidades) asociadas con el problema principal sean reveladas, sigue preguntando hasta que no haya ningún otro asunto que poner al descubierto. Entonces, y solo entonces, estás listo para proponer soluciones. Después, pídele al cliente que revise y comente el valor de tu solución para su negocio. Hacer que el cliente determine el valor de tu producto o servicio es la antítesis misma de la típica venta del "beneficio" o las "características". Si el vendedor llama la atención sobre la característica y empieza a hablar y hablar y hablar sobre los beneficios, el cliente tiene la opción de estar de acuerdo o no. Tienes que verificar junto con él para confirmar si su percepción de las características y los beneficios está alineada con la tuya.

Cuando les preguntes a tus clientes sobre el valor de tu solución a su problema, te lo dirán, y cuando escribas tu propuesta, la sección sobre el valor les resultará familiar porque ya habrán compartido esa información contigo. Ya habrán resuelto todas las objeciones y estarán convencidos. Podrás referirte a asuntos y preocupaciones sobre sus problemas y conocerás las expectativas que ellos tienen sobre ti. Saber que el cliente está de acuerdo con tu solución te dará un "conocimiento privilegiado". Esto es un verdadero valor agregado para tu cliente y te ubica por encima de la competencia.

Egocéntrico vs. "Otro-céntrico"

Los egocéntricos hablan, explican y piensan en primera persona:

- "Estoy nervioso".
- "¿Por qué no me ha llamado?"
- "No están interesados en lo que tengo que decir".
- "Ella no me trata bien".

Las personas centradas en los demás hacen preguntas como:

- "Me pregunto qué le preocupa".
- "¿Por qué al equipo de ventas no le alcanza el presupuesto?"
- "¿Cómo puedo ayudarle?"
- "¿Qué no le deja dormir en las noches?"

Sé consciente de que al principio, mientras practicas para convertirte en una persona centrada en los demás, te sentirás incómodo y no lo harás a la perfección. ¿Y qué? Sigue usando el sistema y con el tiempo empezarás a hacer preguntas enfocadas en los demás de manera natural. Recuerda que somos seres humanos imperfectos, no acciones humanas perfectas.

El enfoque de ventas consultivo

Les sirvo de consultora a equipos de ventas y los entreno usando un plan desarrollado a la medida de nuevos negocios. Uno de los medios que he desarrollado para evaluar resultados es diseñar una gráfica de 2' x 3' que expone la cantidad de llamadas en frío hechas por cada miembro del equipo, el número de citas hechas y el número de clientes obtenidos. Es un sistema de medida muy colorido, desenfadado y no obstante muy efectivo.

Caso de estudio

La manera inadecuada y la mejor manera de vender

Cuando preparé la gráfica para imprimirla llamé a los representantes de ventas de dos imprentas distintas para que me dieran un presupuesto. El primer representante empezó haciéndome las siguientes preguntas:

» ¿Cuántas copias quiere imprimir? (1.500)

» ¿Cuántos colores? (4 colores más el barniz)

» ¿Qué tipo de papel? (100 lb. gloss, brillante por una cara)

» ¿Alguna imagen de 4 colores? (No, todo *line art*)

» ¿Algún recorte? (Corte a 60 cm x 91cm)

» ¿Forma y lugar de envío? (Paquetes de 50 y envío a la oficina)

Después dijo: "Genial. Creo que eso es todo lo que necesito saber. Le enviaré por fax una cotización en la mañana". Antes de colgar, agregó: "Si puedo hacer cualquier otra cosa por usted, no dude en llamarme".

Esa misma tarde un representante de ventas de la segunda imprenta me devolvió la llamada y adoptó un enfoque por completo distinto. Empezó creando una zona de comodidad —al establecer unas cuantas reglas básicas para la llamada— y después continuó con algunas preguntas generales sobre mi negocio:

» ¿Cuánto tiempo ha estado en el negocio?

» ¿Cómo pasó de ser representante de ventas a consultora de ventas, entrenadora y oradora?

» ¿Es verdad que la experiencia más temida es hablar en público?

» ¿Tiene competencia?

» ¿Cuál es su proceso de ventas personal?

» ¿Se siente decepcionada o sorprendida cuando pierde un negocio?

Después hizo más preguntas, más específicas sobre mi proyecto:

» ¿Para qué va a utilizar el afiche?

» ¿Ha usado algo similar a este sistema en el pasado, y si no, por qué no?

» ¿Cómo es que usar esta gráfica le dará sustento a su conexión con un cliente?

» ¿Qué espera alcanzar?

» ¿Cómo ayudará esto a su cliente?

» ¿Qué tal que se quede colgado y sin uso práctico en la pared del cliente, sin que nadie registre la información?

» ¿Puede acordar con el cliente —de antemano— registrar los datos o quitarlo de la pared?

» ¿Qué posibilidades hay de actualizar este "monitor de pared"?

Solo después de haberme hecho todas esas preguntas, James me hizo el mismo tipo de preguntas sobre las especificidades del trabajo como las que me había hecho el primer representante de ventas.

Al día siguiente recibí las cotizaciones de ambos representantes, tal como lo habían prometido. La primera, por $1.450 dólares; la segunda, por $1.575 dólares.

¿Qué imprenta escogí? Por supuesto, la segunda.

Si estás confundido o en desacuerdo con mi elección sobre mi proveedor de servicios de impresión en el estudio del caso anterior, déjame explicar las bases para mi decisión.

Soy una mujer de negocios independiente y autónoma, y cada centavo cuenta. Sin embargo, me hago una serie de preguntas durante mi proceso de toma de decisiones. Por ejemplo: ¿Cómo me abordó este representante de ventas? ¿Estaba dispuesto a hacer más preguntas sobre lo que yo quería? En otras palabras: ¿el representante de ventas pasó conmigo por el proceso de herirme con amabilidad y delicadeza con sus preguntas? ¿Mostró un interés genuino en mi proyecto?

Después de contestar esas preguntas, tuve razones suficientes como para tomar una decisión de negocios sólida, basada en la visión general sobre el crecimiento de mi negocio y no solo en cuanto al precio de imprimir las gráficas. Por lo tanto, escogí al segundo representante por el profesionalismo que mostró con su interés, su curiosidad y sus habilidades para hacer preguntas. La diferencia de precio no me disuadía de usar los servicios de James porque él fue capaz de mostrar un interés genuino en ayudarme a alcanzar las metas de mi negocio. La importancia de su enfoque queda ilustrada con claridad con este incidente de seguimiento: me iba de la ciudad y quería que el afiche estuviera impreso a tiempo para tener la certeza de llevarme algunos de los ejemplares y dárselos a un cliente. Llamé, le expliqué a James lo que necesitaba y él fue a la sala de imprenta, empacó 30 afiches y nos encontramos a la entrada del aeropuerto.

Figura 8: Investigación del problema

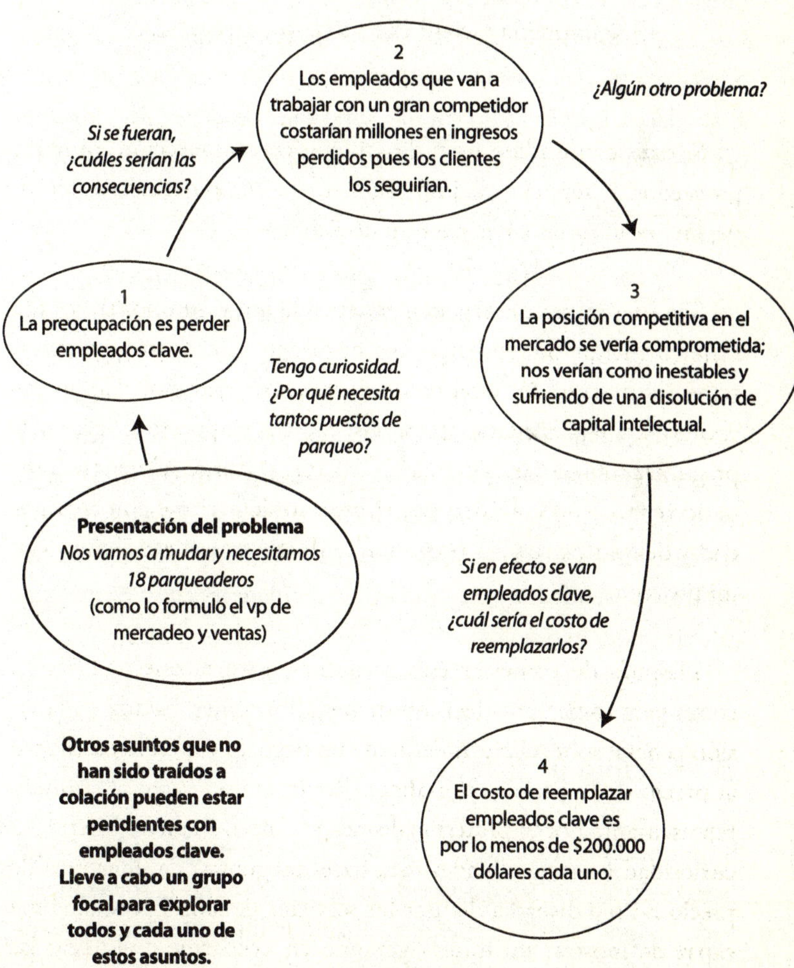

Preguntas que establecen confianza

Es posible, pero no probable, que el primer representante de ventas hubiera proveído el mismo servicio. Con su interés genuino en mi negocio y en mí, James mostró que era más digno de confianza. Estaba usando su versión personalizada de una asesoría de necesidades/problemas para determinar lo que yo quería y necesitaba. Es importante notar que no ofreció soluciones sino hasta después de que yo hubiera contestado a sus preguntas. Su comportamiento me hizo sentir cómoda mientras anotaba mi respuesta a una pregunta y pasaba a preguntarme la siguiente. Estaba encantada y me sentía confiada en que él luego sabría cómo hacerse cargo de imprimir otros folletos y literatura que, sin que él supiera, estaba rediseñando.

Los vendedores siempre deben permanecer en su propio círculo de poder benevolente.

Puede que un ejecutivo tenga las respuestas, pero un buen líder tiene preguntas, y James fue un líder en ventas cuando se hizo cargo de esa llamada. Un cliente con poder respeta a los vendedores y se siente reconfortado cuando estos usan su poder por el bien del cliente. Los vendedores siempre deben permanecer en su propio círculo de poder benevolente.

El Principio de Pareto

Si ofreces una solución antes de saber cuál es el problema y las consecuencias que se derivan de él, no encontrarás la solución correcta ni motivarás a tu cliente a hablar con libertad sobre sus necesidades y deseos.

Ir al médico ardiendo en fiebre es más o menos lo mismo. Puede que tu médico te dé una solución para la fiebre, pero ¿eso qué tan bueno es? Hay que descubrir la causa de la fiebre antes de poder tratarla. Para llegar a esa causa, el médico tiene que hacer preguntas para entender tu estado general de salud y no tan solo tu síntoma.

En el mundo de las ventas aplica el Principio de Pareto (también conocido como la Regla 80/20). Te enteras del problema de un cliente hablando el 20% del tiempo y escuchando el 80% restante. Esto quiere decir que hablas solo para hacer preguntas o para responder a los comentarios o preguntas del cliente.

Cuando empecé mi carrera en las ventas tuve varias experiencias que al final me empoderaron. Sin embargo, esas experiencias fueron bastante difíciles de soportar en ese momento porque yo, como la mayoría, fui educada para no hacer demasiadas preguntas. De hecho, creía que hacerles preguntas a los demás haría que se ofendieran y tuvieran sentimientos negativos hacia mí.

No fue sino hasta que escuché una colección de casetes de J. Douglas Edwards (mi favorita se llamaba *Questions are the Answer (Las preguntas son la respuesta)* que entendí el verdadero propósito de hacer preguntas y cómo se sentirían los clientes con respecto a esas preguntas. J. Douglas Edwards fue de los primeros en convertirse en un entrenador de ventas publicado. Sus cintas y libros siguen estando disponibles en internet. Tan solo búscalo por su nombre. Leer o escuchar su trabajo es un buen uso de tu tiempo para descubrir más perlas de sabiduría de las que Edwards tiene para dar.

Las cintas de Edwards me dieron las herramientas iniciales que me hacían falta para triunfar como vendedora. El principal aprendizaje es que Edwards nos concede el permiso para hacer preguntas y nos provee con un simple método para preguntar. Su metodología muestra respeto tanto hacia el cliente como hacia el vendedor. Estaba muy sorprendida al descubrir que a los clientes potenciales de hecho les gusta que les hagan preguntas. Como empecé a hacer preguntas se volvió evidente para ellos que sus preocupaciones y necesidades eran importantes para mí. Parecían estar mucho más seguros de que yo no estaba tratando de venderles cualquier cosa.

No pasó mucho tiempo antes de que me diera cuenta de que usar preguntas era la forma inteligente de vender. Cuando mis habilidades para preguntar fueron mejorando y me sentí más cómoda haciendo una variedad de preguntas, el volumen de mis ventas aumentó. Al principio, por supuesto, me sentí avergonzada e incómoda usando el proceso de preguntas, pero perseveré con las técnicas, actuando con propósito y alcanzando resultados. ¡Es importante que no renuncies antes de que el milagro ocurra!

Solicita objeciones para tomar el control

Solicitar objeciones es abrumador, pero te permite tomar el control de la llamada de ventas y crea una zona de control para el cliente. Si fuera fácil, habría mucha más competencia.

Caso de estudio
¿Por qué me preguntó eso?

Mi primer mentor de ventas en Xerox había sido el representante de ventas más exitoso de nuestra región durante varios años seguidos. Como nueva representante, tuve la suerte de ser asignada para trabajar con él.

A finales de la década de 1970, la Xerox 9400 era la copiadora más grande que se manufacturaba en Xerox y yo ya había vendido una máquina ese trimestre. Como vender otra unidad me pondría a la cabeza, por encima de mis pares, ¡estaba muy motivada a hacer lo que fuera para cerrar ese segundo negocio! Durante una de sus demostraciones, un cliente me preguntó: "¿Cuántas hojas de papel caben en la bandeja auxiliar?" Yo rápidamente contesté: "¡500 hojas!".

Mi entrenador me llevó a un lado y me dijo: "Contestaste demasiado rápido, tal vez solo para probar lo inteligente que eres. ¡Solo te estabas luciendo, eso es egocéntrico, no centrado en el cliente! Regresa y pregúntale, '¿Por qué quería saber cuántas hojas de papel caben en la bandeja auxiliar?'"

Me sentí avergonzada, cohibida, intimidada e insegura, pero de todas formas seguí sus instrucciones. Me acerqué con inquietud al cliente y dije: "¿Por qué me preguntó eso?" La respuesta del cliente me llevó a venderle no solo una máquina sino dos: la 9400 y también un modelo más pequeño.

Si no le hubiera hecho la pregunta, habría perdido la venta adicional, pero más importante aún, no hubiera descubierto por qué el cliente necesitaba la segunda máquina (para que otros en la oficina no tuvieran que hacer fila o esperar solo para hacer un par de copias). Esos resultados demuestran con claridad la noción de que las preguntas son la respuesta, ¿no es cierto?

Pero al crear una zona de comodidad para nuestros clientes potenciales, ¡nos estamos poniendo a nosotros mismos deliberadamente en una zona de incomodidad! Cuán paradójico y, sin embargo, qué apropiado. Nuestro beneficio potencial reposa en el hecho de salir de nuestra zona de comodidad. Nadie tiene éxito haciendo lo mismo de manera constante. Crear una zona de comodidad para el cliente nos da la capacidad de acelerar el proceso de venta. Nos permite adentrarnos en sus verdaderas necesidades, preocupaciones y objeciones de manera oportuna. Sin la verdad —y la verdad inherente en las objeciones que esas preguntas descubren— solo hay ilusión. Y una ilusión, sin importar cuán grandiosa sea, no paga las cuentas.

El tiempo es oro

Fíjate en el viejo dicho "el tiempo es oro". Si tienes claro tu objetivo para hacer la llamada y muestras tu profesionalismo haciendo buenas preguntas, demostrarás más rápido que eres digno de confianza. Esto te liberará para perseguir más oportunidades.

Derrota a la competencia

Por lo general a un cliente le resulta fácil identificar el problema principal. Pero un vendedor equipado con la habilidad de hacerle al cliente preguntas exploratorias sabrá descubrir preocupaciones, asuntos y problemas que hubieran permanecido escondidos. Un vendedor con experiencia tiene un arsenal de escenarios pasados con sus clientes y será capaz de aconsejar a su nuevo posible cliente sobre obstáculos y/o oportunidades. Si tú no descubres los asuntos relacionados con el problema de tu cliente, la solución que le ofrezcas será insuficiente para cubrir sus necesidades y el negocio irá a parar a la competencia.

Capítulo 9

El precio: la madre de todas las objeciones

La objeción del precio es un gran obstáculo. Todo el mundo se siente escudriñado, impotente y fuera de control cuando se enfrenta a lo que yo llamo la madre de todas las objeciones. Es la objeción que más probablemente nos hará escabullirnos de regreso a nuestra oficina esperando a ser rescatados.

Nuestros sentimientos de incomodidad a menudo vienen de no saber si nuestros clientes están usando el precio como una excusa para enfrentar a un proveedor contra otro. ¿En verdad nos está ganando el precio del mercado?

Demasiados vendedores quedan desmoralizados por la objeción del precio aunque vender sea un proceso de aprender a vivir en la ambigüedad. Los vendedores están familiarizados con la mayoría de objeciones y aprenden a lidiar con ellas. Sin embargo, los precios se establecen en la oficina corporativa o de acuerdo a alguien fuera del rango de influencia del vendedor.

Cuando tú y tus clientes se arrastran entre sí a una tediosa y desordenada discusión sobre los precios, la atención no está en el valor de tu producto o servicio. Por desgracia, la atención está en el contenido: el producto o servicio mismo. Sin embargo, la atención debería estar en los resultados —el valor, las ventajas y los beneficios— de tu producto o servicio. Así, puedes explorar no solo lo que esperas alcanzar, sino también lo que es probable que alcances.

El lenguaje de vender

Hay tres niveles de vendedores dentro de una estructura corporativa y necesitas saber cómo hablarles a los compradores de cada nivel. Hay compradores de precio, compradores de costos e inversionistas de valores, y cada uno habla un lenguaje diferente. La posición de un cliente dentro de la compañía o su nivel en la estructura de poder determina el nivel de lenguaje que este utiliza. Debes aprender a responder a cada uno con el lenguaje utilizado en cada nivel. El enfoque de un lider por lo general es táctico, haciendo el trabajo de inmediato, mientras que el enfoque del ejecutivo en general es estratégico, mirando hacia el futuro.

Los líderes de primera línea gastan el presupuesto; los de mando medio lo distribuyen hacia varios departamentos; y los de nivel ejecutivo deciden un presupuesto general para cada división. A quienes utilizan un lenguaje de agente comprador de primera línea con el CEO (Director Ejecutivo) es probable que les muestren la puerta de salida.

Figura 9: Orientación del cliente hacia un marco temporal y un enfoque económico

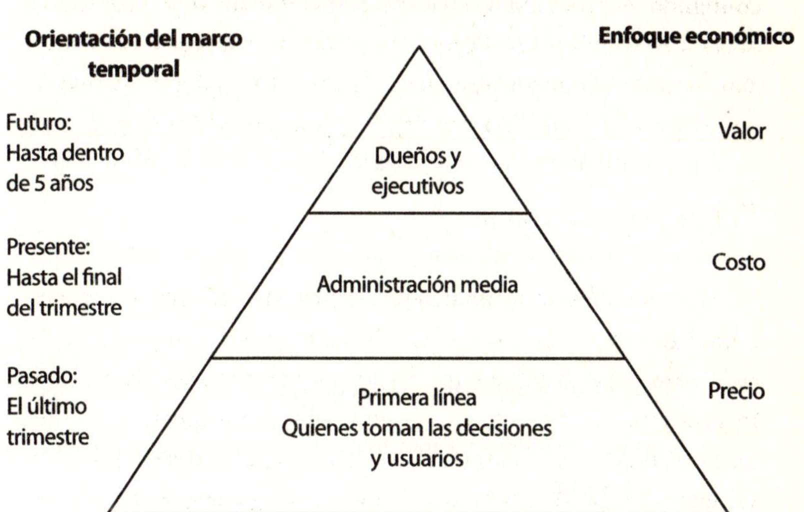

Venderle al comprador de primera línea

Los clientes de primera línea llevan a cabo un trabajo de día a día. Su lenguaje y el tuyo debe ser el mismo. Ellos van a usar términos como: "ahora", "el mes pasado", "registro de servicio", "precio por unidad", "agenda" y "presupuesto". Su preocupación económica es el precio; su orientación temporal es el pasado o el presente, a corto término; además tienen una responsabilidad limitada para la planeación a largo plazo. Su preocupación es: "¿Qué hará que el trabajo se haga hoy?"

Los clientes de primera línea a veces son también quienes toman decisiones. Sin embargo, siempre es con un presupuesto limitado y su marco temporal es el pasado. Puede que razonen consigo mismos diciendo: "Nuestros gastos del mes pasado fueron de $4.922 dólares. Le mostraré lo bueno que soy a mi lider reduciendo los costos". Hablarles de valor a largo plazo y hacerles preguntas sobre planes estratégicos los intimidará y puede que incluso juzguen que no eres particularmente inteligente.

Las preguntas que hay que hacerles a los clientes de primera línea son:

» ¿Cómo podemos nosotros ayudarle a estar por debajo de su presupuesto y además a quedar bien para el siguiente trimestre?

» ¿Qué tanto puede gastar él sin que su jefe se preocupe?

» Cuando lleguemos al momento de la verdad, ¿quién tomará la decisión?

La tercera pregunta es supremamente importante. Es difícil de hacer, pero una vez la hagas debes sentarte en silencio a esperar la respuesta. Demasiados vendedores ceden y empiezan a hablar de inmediato por culpa de la ansiedad que el silencio les genera; al hacerlo se rescatan a sí mismos junto con los clientes. Después puede que queden atrapados vendiéndoles a esos compradores cuyo único poder de decisión es decir que no. Es mejor esperar la respuesta y recibir una que en verdad preferirías no oír, que invertir tiempo en una persona que puede explorar posibilidades pero nunca te dará un contrato firmado.

¿Qué recurso tienes si el contacto te dice que la decisión final la tomará un comité? Si ese fuera el caso, uno esperaría que hayas establecido suficiente confianza con tu contacto para que haga que te inviten a la reunión del comité para hacer una presentación. Si no te puedes presentar frente a quienes toman las decisiones en última instancia, toma más tiempo lograr ese contrato.

Venderles a ejecutivos de rango medio

En el siguiente nivel de ventas están los ejecutivos de rango medio. El marco temporal para ellos es el trimestre o posiblemente el final de este año. Su preocupación económica es el costo total de usar el producto o servicio. El precio es un factor así como su comisión y un incremento en la productividad. El lenguaje que oyes de clientes de este nivel incluye términos como: "metas del área", "servicio al cliente", "producción", "gestión de calidad", "mandato mejorado", "procesos laborales", "política" y "planeación". Esos individuos tienen más responsabilidad y junto con ella viene una expectativa mayor sobre ellos por parte de su líder pues se espera que piensen a un nivel más elevado que los compradores de primera línea.

Los compradores de mando medio también tienen una orientación hacia el tiempo, que es a un relativo corto plazo —el presente o el futuro inmediato—, de manera que el valor que les provees debe ser medido dentro de unas cuantas semanas. Aquí hay algunas preguntas que hacer a este nivel:

» ¿Qué tan pronto quiere ver un incremento en la producción?

» ¿Qué porcentaje espera tener en el incremento de la producción?

» ¿Cuál es el nivel de crecimiento deseado en la producción?

» ¿Qué podemos hacer ahora mismo para mejorar su balance en el próximo trimestre?

» Además de usted, ¿quién más implementará su decisión?

Al estar a cargo de las decisiones, ellos tienen la capacidad de decirles que sí a algunas compras dentro de un rango específico de precio. El peligro asociado a venderle a este nivel es que una vez que han excedido su rango de precio, se te acabó la suerte, pero puede que tú no lo sepas. Es decir, no lo sabrás a menos que preguntes: "Cuando esté satisfecho con que estemos al nivel de una implementación de costos de $X, ¿podremos continuar gracias a su firma?"

A menudo, los ejecutivos de rango medio podrán aprobar gastos dentro de ciertos límites establecidos por la organización. Si el cliente no puede aprobar el desembolso, pregúntale si está bien reunirte con la persona que sí lo hace. Ten cuidado de no sonar demasiado despectivo y siempre acércate al cliente con un tono no prejuicioso:

"Entiendo que los precios que estamos discutiendo están fuera de un rango en que usted pueda dar su aprobación directa. Como estamos de acuerdo en que este producto/servicio beneficiará a su firma, me gustaría presentar este concepto en la siguiente reunión del equipo de administración. ¿Estaría de acuerdo en apoyarme para hacer esto?"

¡Si no preguntas, la respuesta siempre va a ser "no"!
Si preguntas y la respuesta es "no",
reagrupa y vuelve a preguntar.
Tres intentos para cerrar el negocio
no es pedir demasiado.

¿Un "no" del mando medio significa la muerte de una venta potencial? La respuesta no está tallada en piedra. Si un cliente dijo que no por su incapacidad para aprobar desembolsos de capital, la venta todavía podría darse a través de un nivel más alto. Por otra parte, si el cliente se mantiene firme en que tu producto/servicio no es apropiado para su organización, acercarse al siguiente nivel de administración puede no ser bueno para ti. Sin embargo, tienes que hacer el esfuerzo. ¡Si no preguntas, la respuesta siempre va a ser "no"! Si preguntas y la respuesta es "no", reagrupa y vuelve a preguntar. Tres intentos para cerrar el negocio no es pedir demasiado.

Venderles a prospectos de rango alto

El tercero, el nivel ejecutivo en una organización, es el de los grandes visionarios, los organizadores y los estrategas. Su marco temporal es el futuro y sus preocupaciones son cómo mantenerse por delante de la competencia, cómo estar mejor posicionados a nivel global, cómo mantenerse al tanto de las prácticas empresariales del momento y cómo se está desempeñando la organización en relación con la misión y la visión de la compañía. Lo que les vendas debe encajar con el contexto más grande, el panorama general, o no van a estar interesados. Su trabajo es crear una organización que genere un suministro estable de beneficios al tiempo que se mantienen al frente de la competencia.

El director ejecutivo tiene que tener algo para venderles —en efecto, la esencia de la compañía— a los banqueros, corredores de bolsa, otros líderes en su organización, empleados y accionistas. ¿Qué tienen tú o tu producto que puedan ayudarlo a lograr eso? El lenguaje utilizado con un cliente de este nivel incluye palabras como: "estrategia", "visión", "ambiental", "holístico", "competencias centrales", "propuesta de valor", "misión y propósito". Los vendedores que se dirijan al nivel ejecutivo y usen términos como "precio", "competitivo" o "más barato", serán descartados sin consideración, como si estuvieran hablando tonterías.

Un pequeño porcentaje de vendedores tiene el privilegio de presentarles sus productos y servicios a empresarios de este nivel ejecutivo, a menos que el director ejecutivo sea el único miembro de la compañía. Cuando una empresa tiene un equipo de cinco o más socios, el prospecto de rango alto a menudo se aísla del trato diario con proveedores y vendedores. Los miembros de un equipo de administración ejecutiva suelen estar llenos de ocupaciones y correr de una reunión a la siguiente, lo que hace que sea casi imposible para ellos tener un espacio libre para una cita más, en especial una reunión de ventas. Los miembros del equipo ejecutivo también están protegidos por una gran cantidad de personas de rango medio y soporte administrativo. Asegurar una cita con cualquier miembro de un equipo de administración ejecutivo es difícil, pero no imposible. Aquellos adeptos a ocuparse de objeciones de clientes potenciales tendrán tanto éxito tratando con los ejecutivos como lo tienen con cualquier otro cliente potencial en otro nivel.

Sobre los vendedores que tratan con ejecutivos de manera constante se discute en el primer título de mi serie *GutsGoalsGlory* ™, *Big Game Hunters and Closers: Attract and Keep Your Super Sellers.*

En el nivel ejecutivo, haz las siguientes preguntas tanto al Prospecto de rango alto como a ti mismo:

» ¿Cómo ayuda mi producto/servicio a estos individuos para alcanzar su plan de cinco años en menos tiempo?

» ¿Una reducción del tiempo asignado para alcanzar las metas significa un ahorro de capital de manera automática?

» ¿Los desembolsos de capital crean una pesada carga de deuda al principio y solo prometen aligerarse al final del proyecto?

» ¿A qué tipo de asuntos ambientales se enfrenta esta compañía?

» ¿Acaso la compañía funciona en una industria regulada que podría requerir consideraciones especiales para asegurar el cumplimiento?

» ¿Qué tiene que hacer la compañía para estar a la cabeza de la competencia?

» ¿Qué hace este ejecutivo para mantenerse al tanto de las últimas tendencias?

» ¿Cómo es que esta compañía rastrea y retiene a algunos de los grandes cerebros de la industria?

» ¿Mi producto/servicio provee una respuesta o solución única a una actividad costosa o que consume mucho tiempo?

» ¿Cómo se pueden explicar los gastos en productos o servicios a los accionistas? ¿Qué valor tienen para estos?

Como los Prospecto de rango alto son compradores financistas, también responden a estas preguntas:

» ¿Cómo se verán afectadas las metas estratégicas de esta división por esta iniciativa?

» ¿Ya ha sido asignado el presupuesto para este proyecto?

» ¿Qué otros presupuestos se verán afectados por esta compra?

» ¿Qué apoyos se necesitan para que este proyecto triunfe?

» ¿Cómo es que mi producto mejorará el nivel de servicio que usted les provee a sus clientes?

» ¿Hay una curva de aprendizaje para usar el producto o servicio que nos haga atrasarnos con respecto al cronograma proyectado?

Conseguir una cita con alguien que toma decisiones a un alto nivel pero no poder hablar su lenguaje es tan inútil como no obtener la cita. Cuando conoces el nivel que tiene un comprador en una corporación, necesitas conocer su lenguaje y su poder de compra. En todos los casos, tienes que poder y estar preparado para hablar el lenguaje apropiado.

Evitar las cortinas de humo

Cuando los vendedores se concentran en el precio, hacen que la situación sea más difícil para ellos. Condicionan al cliente a que compre por el precio. Cuando el vendedor no hace las preguntas, no se entera de otros asuntos relacionados con la compra. Si el cliente tiene una objeción con respecto al precio puede que sea una cortina de humo, pero si el representante de ventas cae, entonces obviamente funciona. En esos casos, el ejecutivo va a negociar un precio mejor o a deshacerse del representante de ventas.

Una objeción de precio puede presentarse en una variedad de formatos:

» Su precio no es competitivo.

» Ahora obtengo los precios más competitivos.

» Solo compro lo más barato.

» Cuesta demasiado.

Para los vendedores, la respuesta natural es el miedo. Su tendencia es defenderse, justificar o calmar. Peor aún, puede que el representante de ventas prometa igualar el precio de la empresa que representa al de la competencia, pero tiene que reportarse directo con el cliente para confirmar, como fue prometido, el precio más bajo, que primero debe ser autorizado por su director de ventas o líder. Ese es el enfoque de la papa caliente —la forma más baja de venta— en que los asuntos son demasiado calientes para ser manejados y se los pasan a alguien más.

Mientras todos los clientes creen que son conscientes de los precios, si no son compradores por precio y tú pareces un vendedor de precios, perderán el interés en ti rápidamente. Alguien de una gran compañía telefónica me llamó en frío y me preguntó cuánto pago al mes por el servicio de llamadas a larga distancia. Así se desarrolló la conversación:

— Alice: "Como $350 dólares."

— Vendedor: "Yo puedo hacer que usted ahorre más de $200 dólares".

— Alice: "Pero ahorrar dinero no es mi preocupación más grande".

— Vendedor: "¿Me está diciendo que no le interesa ahorrar $200 dólares al mes?"

— Alice: "No, dije que esa no es mi preocupación más grande."

Mi preocupación más grande es tener un servicio ininterrumpido en mi línea de contacto sin costo, pero él no preguntó cuál era entonces mi preocupación. Podría haber preguntado: "¿Cuál es su preocupación más grande?" En lugar de eso, con una voz llena de desdén dijo: "Muy bien, pues ¡hasta luego!", y colgó.

Ese vendedor se acorraló al usar el costo como la única motivación para cambiar de proveedores de larga distancia. Podría haber pensado: "No muchas personas rechazan ahorrar $200 dólares. Hmm... ¿Qué hace que sus preocupaciones sean distintas de las de la demás gente?". Si hubiera preguntado, yo habría profundizado en mis preocupaciones. Incluso hasta hubiera cambiado de operador. Estoy sorprendida (¡y decepcionada!) de que él no se haya esforzado un poco más en esa llamada en frío.

Alivio rápido para la objeción del precio

Imagina que estás diciendo algo como: "Sí, el precio es importante y quisiera sugerir que pasáramos tiempo discutiéndolo antes de decidir si podemos hacer negocios. Lo que quisiera hacer, si le parece bien, es hacerle algunas preguntas sobre otros asuntos que son importantes para usted. Después, cuando discutamos el precio, ya sus necesidades estarán factorizadas en la ecuación. Es lo justo, ¿no cree?"

Si el cliente dice: "Solo deme un precio, rápido", es aconsejable contestarle: "Le daré un precio ahora, pero es factible que salga más alto o más bajo si no conocemos todos los factores. De cualquier manera, ambos salimos perdiendo. Antes de cotizar con precisión, necesito más información. Es lo justo, ¿no cree?"

El negocio se cae

Habrá veces en las que un cliente te dirá: "Lo habría escogido a usted, pero su competencia tenía un precio más bajo". ¿Ahora qué?

LLEVA A CABO UN ANÁLISIS DE PRECIO COMPETITIVO:

» ¿Quién es su proveedor en este momento?

» ¿El material/producto/servicio de su competencia tiene unas especificaciones y una calidad similar?

» ¿Está completamente (seguridad) aprobado para su uso?

» ¿Qué cantidad es? ¿Hay una garantía contractual de volumen o es una orden de una sola vez?

» ¿Su competencia tiene la capacidad para proveer el mismo volumen?

» ¿Las condiciones de pago son las mismas?

» ¿Por cuánto tiempo es válida la oferta?

» ¿Hay estabilidad de precio o un periodo de precio fijo?

» ¿Los términos de entrega son idénticos? (FOB-puerto de carga convenido de origen/destino).

» ¿Un carro tanque, un camión cisterna, con la carga llena cuesta menos que el precio de carga o de un contenedor específico de su industria?

» ¿Existen la confianza y la seguridad de provisiones en productores domésticos, importadores o en bodegas?

» ¿El paquete de servicios es el mismo (técnica, entrega, orden, tiempo de elaboración, etc.)?

» ¿Hay descuentos o reembolsos en los ingreso brutos? Si hay reembolsos, ¿en verdad es viable alcanzar los niveles reembolsados?

Si los clientes no están capacitados o no contestan esas preguntas, es muy probable que esa información sí esté disponible para tu director de ventas, líder u otros miembros de tu equipo.

Te recomiendo llevar a cabo un análisis de precio competitivo. De hecho, date el regalo de la resistencia mental que viene de pasar por este proceso con regularidad. Serás conocido como un excavador, alguien con quien no se trata a la ligera y que se queda hasta el final.

Ventas estratégicas

Un experto en ventas sabe cómo combinar habilidades de ventas tácticas y estratégicas para ganar muchos más negocios de los que pierde. El vendedor que hace lo que tiene que estar hecho hoy está usando habilidades tácticas; el vendedor que hace lo que tiene que hacer para alcanzar metas a largo plazo está usando habilidades estratégicas. El vendedor que hace ambas y combina habilidades tanto estratégicas como tácticas es lo que yo llamo un unificador, y es quien casi siempre supera a la manada.

Los vendedores estratégicos tienen que ser fluidos en los tres lenguajes de ventas. Cuando oyen un lenguaje, tienen que ser capaces de responder de la misma manera. Han aprendido a ser puestos a prueba en el campo, usando frases y expresiones particulares. Si una conversación puede ser construida alrededor de esas frases, el cliente potencial y los profesionales de ventas están hablando el mismo lenguaje y, en general, el resultado es bueno para el negocio. Es esencial para los profesionales de ventas aprender el lenguaje que se habla en todos los niveles de su industria.

Solo otra forma de retroalimentación

La objeción del precio, como otras objeciones, puede ser desmontada y utilizada para aumentar tus probabilidades de triunfar. Eso significa hablarle al cliente en el lenguaje adecuado y aceptar los asuntos o preocupaciones que tengan que ver con la madre de las objeciones: el precio. Si logras ver las objeciones de precio como tan solo otra forma de retroalimentación que explorar, te destacarás entre la multitud y demostrarás tu profesionalismo al transformar la objeción y ponerla a tu disposición. Los vendedores deben aprender a bailar con las objeciones y convertirlas en la esencia de la venta.

Los vendedores deben aprender a bailar con las objeciones y convertirlas en la esencia de la venta.

Capítulo 10

Calienta la llamada en frío

Recordarás del Capítulo 1 que existen dos razones principales por las cuales los clientes potenciales tienen objeciones. Si no recuerdas por qué y quieres volver al principio del libro para revisar esas razones, ¡no lo hagas! Dado que el miedo a las objeciones es la razón más significativa por la que los vendedores evitan hacer llamadas en frío, vale la pena repetir las razones aquí. Primero, las objeciones funcionan para deshacerse de vendedores incompetentes y, segundo, ayudan a separar a los buenos vendedores del resto del grupo, —los que no saben que las objeciones valen su peso en oro y ¡son el esencia de la venta!

Cada vez que recibes, aceptas y lidias con una objeción durante una llamada a un cliente potencial, tus chances de conseguir una cita se incrementarán en un 25%. Si pidieras una cita en tres ocasiones y lidiaras de manera exitosa de las objeciones que afloran, habrás incrementado tus posibilidades con conseguir una cita en un 75%. De vez en cuando, un cliente potencial se molestará con este tipo de insistencia. No dejes que la reacción del 5% de tus contactos influya en la forma en que te diriges al 95% restante.

No retroceder demuestra confianza en ti mismo y en tu producto o servicio. Eres visto como un líder, como una persona que respeta el ardiente deseo de triunfar. Aquellos que aprenden a manejar sus emociones de incomodidad lo suficientemente bien, que piden una y otra vez un resultado que desean, demuestran poder personal. Algunos lectores han de estarse preguntando: "¿Acaso los clientes no se molestarán si les sigo pidiendo una cita?" La respuesta a esta pregunta varía según cada cliente en potencia. Si integras cuidadosamente la solicitud de una cita con un claro respeto por las preocupaciones del cliente, lo más probable es que no causes ninguna ofensa.

Cada vez que te ocupas de una preocupación y sugieres los beneficios de una reunión, tus probabilidades de obtener la cita aumentan. Recuerda, el cliente quiere ser tratado con respeto y si reconoces el valor de su tiempo y dinero, finalmente serás recompensado.

Las personas con poder se sienten complacidas con las exhibiciones de poder. Si la imagen que proyectas de ti es de alguien reticente, tus "clientes poderosos" asumirán que lo más probable es que les hagas perder su tiempo. Ellos tienen su propio poderío, de manera que no necesitan de nadie que les sea sumiso. Si eres incapaz de lidiar con algunas pocas objeciones, serás relegado a un rol de menor nivel, que es a donde perteneces en realidad. Puede que esto suene duro, pero es cierto. Debes verte como un igual —un par— de tus clientes. Tienes algo valioso que ofrecerles y ellos tienen un problema que tú estás en condiciones de solucionarles. ¡Es un complemento ideal!

Objeciones telefónicas: el beso de la muerte

Las objeciones telefónicas suelen ser el beso de la muerte porque si no logras conseguir una cita, no entrarás en el proceso de ventas en el que le provees una solución para tu cliente y su compañía; y dicha solución, a su vez, les ayudaría a proveer a ellos la solución para sus propios clientes. Llamo a las objeciones telefónicas el beso de la muerte porque incluso los vendedores experimentados evitan esos encuentros. Sin embargo, si te alejas, pierdes la oportunidad de desarrollar una conexión con el cliente.

A continuación vienen las seis objeciones telefónicas que he encontrado con mayor frecuencia, y su naturaleza genérica indica que no solo pertenecen a la industria de las ventas, sino que son aplicables casi a cualquier producto o servicio que estés ofreciendo. Todos los vendedores nos hemos topado con ellas en un momento u otro, y nos han derrotado. Con la práctica, todas esas objeciones han de manejarse con cautela y resolverse de manera profesional.

Las seis objeciones telefónicas del beso de la muerte son:

1. ¿Puede decirme quién la/lo llama?
2. ¿Puede decirme exactamente de qué se trata?
3. ¿Puede enviar su folleto de ventas?
4. Estoy muy ocupada; no tengo tiempo.
5. ¿Me puede volver a llamar?
6. ¿Puede volver a confirmar conmigo el día anterior?

La próxima vez que te encuentres con cualquiera de esas objeciones considera la posibilidad de incorporar las siguientes ideas a tus propias respuestas.

1. ¿Puede decirme quién la/lo llama?

Esta respuesta suena rara vez en estos días porque ahora tenemos el buzón de voz. Sin embargo, todavía es posible que te comuniques con un vigilante cuyo trabajo es alejar a los vendedores para que no le quiten tiempo al jefe. El truco está en evitar que la persona te haga esa pregunta. Si empiezas tu petición dando tu nombre, habrás contestado la pregunta antes de que te la hagan.

Empieza cada llamada exploratoria con: "Buenos días, mi nombre es ____________ y estoy llamando a Ron Huges. ¿Me puede comunicar con él, por favor? Yo espero". Después no musites palabra hasta que la recepcionista te responda. Recuerda, ella está entrenada para preguntar: "¿Puede decirme quién llama?" Cuando te adelantas a la respuesta usual y evitas esa zancadilla, tienes probabilidades mucho más altas de hacer que ella siga tu sugerencia, pero solo si te quedas callado. Hacer una pregunta y después mantenerte en silencio es la única manera de quedarte dentro de tu propio círculo de poder.

En nuestra sociedad, parecemos tener una tolerancia baja hacia el silencio. Más de seis o siete segundos hacen que la mayoría de las personas se sienta ansiosa. Como la recepcionista, tú también te sentirás nervioso, pero dado que tú estás usando la ansiedad, deberías ser capaz de tolerarla. Los vendedores con demasiada empatía querrán rescatar a la recepcionista. Los vendedores que están dispuestos a romper el silencio de hecho se están rescatando a sí mismos, no al cliente. Su incomodidad se eleva hasta un nivel intolerable y se rescatan a sí mismos y a la recepcionista cuando hablan. Puede que la empatía que sientes por ella sea real, pero resiste el impulso de hablar. Deja que la tensión aumente. No hables. Ella no será capaz de tolerar el silencio y la manera más rápida de manejarlo es darte lo que quieres.

El silencio que creas es tan frío que tienes que precederlo hablando despacio. Tu voz debe ser amigable, clara, concisa y cálida. La mezcla es muy efectiva para obtener lo que quieres: una cita y la oportunidad de traer valor a esa compañía a través de tu producto o servicio. Si no llamas, ¿cómo sabrá la compañía sobre ti?

Cuando te comuniquen con tu contacto a lo mejor tengas que conformarte con el buzón de voz. Ya sea que el buzón te pida o no que contactes a una persona específica, presiona el cero. Esto aumentará tus probabilidades de que te conecten con alguien que sepa darte alguna razón sobre los ires y venires de tu contacto.

Una excelente manera de ganarte la ayuda y el compromiso del asistente de tu contacto es usar siete palabras mágicas. Úsalas cuando las necesites: "Tengo un problema y necesito su ayuda". Después haz una pausa y deja que él o ella se acerquen. En general la respuesta será cálida y servicial. Al admitir que eres humano y necesitas ayuda, pones a quien te escucha en una posición de poder. A esto lo llamo un acto de vulnerabilidad valiente.

2. ¿Puede decirme exactamente de qué se trata?

Cuando respondes a esta objeción y a cualquiera otra, desarmas a la recepcionista al estar de acuerdo con ella. Responde rápido y de manera correcta, por supuesto que puedes decirle. Sin embargo, no vas a hacerlo, no exactamente, aunque vas a darle la respuesta que ella quiere oír. Esto se llama recibir la objeción. ¿Recuerdas la historia sobre el chico pendenciero y el palo en la introducción a esta lectura?

Ten en cuenta que tu respuesta debe empezar por recibir la objeción. El propósito de esta actitud es presentarte a ti mismo como alguien no amenazador. Cuando parece que aceptas su petición, las defensas se bajan y es más fácil establecer la receptividad. Sí, por supuesto que puedes decirle: "Se trata de un cambio en las políticas corporativas y necesito hablar con tu jefe hoy. ¿Está en la oficina? Yo espero". De nuevo, quédate callado después de haber hecho tu petición. Es improbable que cualquier persona de primera línea quiera objetar con "un cambio en las políticas corporativas". Además, ¿qué fue lo que en verdad dijiste? Nada todavía... pero lo que sea que estés ofreciendo podría resultar en un cambio de las políticas corporativas, ¿o no?

El segundo beneficio de usar galimatías o palabras no específicas diseñadas para impresionar es que muchas recepcionistas no van a recordar lo que dijiste después de que tu llamada fuera transferida al director. La frase "un cambio en las políticas corporativas" no es típica del vocabulario de la mayoría de recepcionistas.

3. ¿Puede enviar su folleto de ventas?

Los vendedores rara vez identifican esta pregunta como lo que en realidad es: un intento de evitar cualquier comunicación posterior. Es una manera educada que usa el cliente potencial para decir "¡no!", y sin embargo verse a sí mismo como una persona amable. Recuerda, hasta cierto punto a todos nos cuesta decir que no y ¡eso no es menos cierto en el caso de nuestros clientes potenciales! Dada la ingenuidad del vendedor promedio, esta objeción suele funcionar. Muchos vendedores dicen: "Por supuesto que puedo". Piden la dirección pero a menudo no le hacen seguimiento y si lo hacen, el cliente o su asistente botan el folleto. El vendedor promedio también considera que esta fue una transacción exitosa porque mantuvieron saciado su síndrome de oídos felices (los despacharon con suavidad). No los contrataron, pero su sensibilidad está intacta. ¡Qué desperdicio! Mejor obtener una cita o un contrato y sanar una sensibilidad destruida luego. La siguiente alternativa de respuesta te ayudará a mantenerte en el asiento del conductor:

"Sí, por supuesto que puedo enviarle mi folleto, ¿pero acaso eso establecería una relación beneficiosa para ambos?" Haz una pausa de algunos segundos después de hacer esta pregunta, después sigue con otra: "Aunque mi folleto es muy bonito, no permite establecer una relación en la que ambos ganemos. Si le parece, me gustaría que concretáramos una hora para encontrarnos... para que usted tenga una idea de quien soy y yo tenga una idea de quién es usted. Después usted decide si deberíamos tener una reunión más larga o no. ¿No le parece justo?"

Al ocuparte de la objeción de esta manera, demuestras que eres diferente a los demás. Fíjate que también recibes la objeción accediendo a enviar el folleto. Sin embargo, también negocias una cita.

A veces, la objeción de "envíeme el folleto" involucra a un contacto que está fuera de la ciudad. Sabes que desplazarte a ver a este contacto es un uso poco sabio de tu tiempo en esta etapa de la relación, así que enviar el folleto parece un primer paso. Si accedes a enviarlo, también intenta obtener un compromiso por parte del cliente con un contrato preliminar. Así es como funciona:

"Por supuesto que puedo enviarle un folleto, pero déjeme hacerle una pregunta difícil" (no hagas pausa:) "¿Cuánto tiempo cree que tarde en llegarle si lo mando hoy, unos 10 días más o menos?" (Espera una respuesta)... "Genial, y luego él tiene que tener el tiempo para mirarlo. Genial, entonces lo que voy a hacer, si a usted le parece, es llamarlo en dos semanas a partir de hoy para hacerle algunas preguntas y contarle cómo trabajamos. Es lo justo, ¿no cree?"

Al establecer un momento para tener una conversación por teléfono después de enviar el folleto, creas un acuerdo de volver a conectarse como si se estuvieran encontrando en la misma ciudad. En lugar de un encuentro cara a cara, al menos tienes una cita telefónica.

4. Estoy muy ocupado, no tengo tiempo

Esta objeción no pretende mostrar lo importante que es el cliente. Se usa porque se escapa fácilmente de la boca y porque es una manera eficaz de deshacerse de los vendedores. Para superar esta objeción, así como con la recepcionista, debes decir algo distinto para romper el patrón.

"Oh, no quería decir esta semana, ni siquiera la próxima. Estaba pensado dentro de unas tres o cuatro semanas a partir de ahora, entonces ¿por qué no anotamos algo para el último martes del mes? ¿Qué sería mejor para usted, en la mañana o en la tarde? Tengo ese día bastante espacio libre así que, ¿por qué no escoge usted?" De nuevo, permanece en silencio después de haber hecho esa petición y esa sugerencia.

¿Qué quiere decir el hecho de que las dos partes van a anotar algo? Indica flexibilidad, opciones abiertas, lo que de alguna forma provee comodidad mental. Estás mostrando tu lado empático. Una vez que el cliente haya escogido mañana o tarde, reivindica tus metas diciendo: "¿Podemos hacer que en este trato ganemos ambos?" (No hagas una pausa aquí; parecería que estás buscando una respuesta). "Entonces, si algo se le presenta, usted me da una llamada para que cuadremos otra cita y yo hago lo mismo. Es lo justo, ¿no cree?". Una vez que el cliente acceda a contactarte si hay algún cambio, asegúrate de darle los números de tu tu celular, de tu localizador y de tu oficina.

Nota: Tu trabajo no es manejar el horario de tu cliente potencial. Para más información al respecto, mira la objeción telefónica del beso de la muerte: "¿Me confirma el día anterior?"

Ataduras sicológicas

Debes haber notado que al final de cada petición, añado: "Es lo justo, ¿no cree?" Este tipo de frases se conoce como una atadura sicológica. Es decir, haces una pregunta que estimula la necesidad sicológica del cliente potencial a decir que sí accediendo a su interés egoísta de mantener su propia imagen de ser una persona justa.

Dos preguntas a las que la gente siempre contesta que sí son:

1. ¿Tienes sentido del humor?
2. ¿Eres una persona justa?

Si terminas tu petición con frases como "Es lo justo, ¿no?" o "¿Le parece justo?", accedes a la necesidad sicológica de tu interlocutor de verse como persona justa.

Si quieres validar tu afirmación por parte de tu interlocutor, desarrolla un conjunto de preguntas, incluyendo las dos que mencioné arriba; lograrás que la gente solo quiera dar respuestas afirmativas o negativas. Pon a prueba a tus amigos, colegas o incluso a extraños y experimenta tú mismo los resultados. Sería una pena que no utilizaras ese conocimiento para el bien de tu negocio.

5. ¿Me puede volver a llamar?

Es cierto, a veces hay la posibilidad de que llamemos a una persona cuando está ocupada. Cuando hago una llamada exploratoria, nunca pregunto si es un buen momento porque es demasiado fácil para cualquier cliente potencial, al reconocer qué clase de llamada es, contestar: "Lo siento, estoy ocupado". Si los clientes en verdad están ocupados, son ellos quienes tienen que decirlo. Si hago una llamada y recibo esa objeción, respondo: "Por supuesto, puedo volverlo a llamar. ¿Cuándo sería un buen momento?" De nuevo permaneces en silencio después de haber hecho esta pregunta.

Si llamas una segunda vez y de nuevo te piden que llames en otro momento, entonces entabla la conversación de esta manera:

"Sr./Sra. Cliente, ¿me permite hacerle una pregunta difícil? Me voy a sentir incómodo haciéndola y es probable que usted se sienta incómodo contestándola. A veces la gente no dice que no porque no quiere herir mis sentimientos. Pero está bien si me dice que no".

Si en efecto dice que no, responde con: "Gracias por ser sincero. Le agradezco que respete mi tiempo y el suyo". y ¡sigue adelante!

6. ¿Puede confirmar conmigo el día anterior?

Esta es mi objeción favorita. Sé que los clientes dicen esto porque quieren ser considerados como personas buenas y razonables. Se dicen a sí mismos: "Puede que le haya dicho que sí a esa pobre vendedora, pero ahora solo voy a evitarla estando ocupado cuando vuelva a llamar". Este comportamiento pasivo agresivo está diseñado para alejarte, así que no caigas en la trampa.

Establece igualdad y paridad diciendo: "Por supuesto que puedo confirmar el día antes, pero ¿accedería a un acuerdo que sea beneficioso para ambos? Si se me llega a presentar algo, me comprometo a llamarlo (pausa) y usted hace lo mismo por mí (sin pausa). Es lo justo, ¿no cree?"

Para aumentar las probabilidades de que el cliente te llame, si llegara a presentarse un problema de horario, es mejor que ofrezcas más de una manera de contactarte, por ejemplo, los números de tu oficina, un localizador o un celular. Esto hará más difícil que el cliente use la excusa de que no te pudo contactar. Elimina esa excusa dándole opciones para que te contacte.

No hay ningún honor en que un cliente potencial te haga perder el tiempo. Debes verte a ti mismo a la par de tu cliente, de igual a igual.

En esos seis escenarios del beso de la muerte debes operar en el círculo de tu propio poder benevolente de una manera educada. No hay ningún honor en que un cliente potencial te haga perder el tiempo. Debes verte a ti mismo a la par de tu cliente, de igual a igual. Sí, existe el riesgo de que llegues y el cliente no aparezca. Es mucho más arriesgado que sea él quien te confirme la reunión porque eso le da la oportunidad de reconsiderar el valor que tienes para él. Cuando tus posibles clientes te piden que confirmes el día anterior, te están pidiendo que seas responsable del manejo de su tiempo. Sin embargo, eso es lo que hacen los asistentes, no los vendedores profesionales que son sus pares.

Acepta la objeción

Las objeciones son apenas otra manera que los clientes potenciales tienen para impedir el proceso de la llamada de ventas. Cuando aprendes a manejar la objeción, a esclarecer el significado que esta tiene para el cliente, tu oportunidad de cerrar el negocio aumenta de manera significativa. Cada sector de la industria de las ventas tiene objeciones únicas. En el Capítulo 12 encontrarás ejemplos genéricos de objeciones de esta industria. Cuando las leas, notarás que la respuesta a una objeción puede ser similar a la respuesta ofrecida a otra objeción en otro sector de la industria. Pese a la aparente repetición, creo que podrás darte por bien servido si perseveras y lees cada ejemplo, aunque no se refiera a tu sector específico. Lo más probable es que empieces a pensar en ideas o temas que no habías considerado antes y que quieras adaptar o modificar adecuándolos a tu propio campo de acción, intereses y responsabilidades. Calienta la llamada en frío.

Capítulo 11

Escápate de la cárcel del buzón de mensajes

Lo lejos que llega la tecnología es genial, pero desde el punto de vista de un vendedor a veces llega demasiado lejos e incluso se convierte en una barrera para el éxito en las ventas cuando la gente que queremos alcanzar está detrás de los aparatos: pantallas, centros de mensajes, sistemas de correo electrónico y buzones de mensajes.

Algunos profesionales de ventas veteranos añoran los días en que era una recepcionista quien interceptaba las llamadas. Entonces al menos existía la posibilidad de acercarse a ella con lógica, razón, fuerza o tan solo encanto.

Es imposible encantar a un buzón de mensajes e influir sobre él. Sin embargo, hay varios métodos para disminuir el impacto negativo que esto crea en tu carrera. El paso más vital es despejar tu propio buzón de mensajes. ¿Tu mensaje dice lo obvio? Cualquiera de estos mensajes —"No puedo contestar ahora" o "Estoy lejos de mi teléfono o de mi escritorio"— son retóricos. En ambos casos estás diciendo lo evidente y dando información que parece un viejo cliché.

¿Incluyes un compromiso de respuesta en un tiempo determinado dentro del mensaje que dejas en tu buzón? Mi mensaje dice: "Lo llamaré tan pronto como pueda, lo prometo, y mi meta personal es hacerlo dentro de las siguientes cuatro horas". Cuando eres irreprochable en los modales de tu mensaje, tienes derecho a esperar que los demás te contesten de la misma manera.

Luego elabora una larga lista de nombres que consideres clientes potenciales. Si en algún momento solo tienes cuatro o cinco que llamar, es fácil darse por vencido y asumir que hoy en día todo el mundo tiene un buzón de mensajes así que no tiene sentido llamar. Como parte de tu arsenal de ventas, una lista de al menos 25 clientes potenciales que llamar es una bendición. Si no has elaborado una lista de al menos 25 posibles llamadas, hazlo ahora. Después varía la hora de tu llamada. Algunas personas llegan a su oficina temprano antes de las 8:00 de la mañana y otras se quedan hasta tarde después de las 5:00 de la tarde. Algunas contestan el teléfono durante la hora del almuerzo mientras que otras lo contestan tan pronto como suena. Nunca se sabe y nunca lo sabrás a menos que llames.

Aunque parezca extraño, uno de los mejores momentos para llamar a un cliente potencial y que conteste el teléfono él mismo es los viernes por la tarde. Puede que sea porque en general las reuniones no se planean para esa hora o porque el fin de semana está a punto de empezar y la gente está más relajada y rompe sus propias reglas sobre contestar llamadas. Por la razón que sea, ¡dale una oportunidad a los viernes por la tarde!

Cuando eres irreprochable en los modales de tu mensaje, tienes derecho a esperar que los demás te contesten de la misma manera.

Vale la pena repetir que el primer paso es desarrollar una excelente lista de clientes potenciales. Luego, agrégale determinación al hecho de conectarte. Cuando la tienes, y después te concentras en esa meta, tu éxito es más probable. La concentración y la intención son una combinación poderosa. Es como si la fuerza de tu voluntad hiciera que fueras más creativo y estuvieras más alerta a las posibilidades que si tuvieras la actitud derrotada del buzón de mensajes. La concentración lo es todo.

Dejar o no dejar un mensaje

Una pregunta que ruega ser contestada: ¿debo dejar un mensaje en el buzón? Mi opinión: no dejes más de uno, y si no te llaman en las siguientes 24 horas, no dejes otro. Dejar más de un mensaje hace que a veces los clientes potenciales estén todavía menos interesados en reunirse contigo. Es importante seguirlos llamando aunque variando la hora del día.

Si estás explorando y tienes una larga lista de llamadas que hacer, deja el mensaje a tu discreción. Si lo dejas, no dejes más de uno. La gente se siente culpable por no mantener el compromiso de devolver todos los mensajes de voz (como lo dicen en su propio mensaje grabado), pero hay quienes se sienten fastidiados cuando los molestan; tú no quieres que ninguna de esas emociones —culpa o fastidio— sean asociadas contigo.

A menudo, también puedes "salirte con el 0", es decir, presionar "0" para más opciones. Si logras comunicarte con un verdadero ser humano, tienes una oportunidad de oro para hacer preguntas sobre el horario de tu cliente. Si una asistente, recepcionista o secretaria contesta, recuerda usar las siete palabras mágicas: "Tengo un problema y necesito su ayuda". Después haz una pausa para que esas palabras tengan su efecto. En general la respuesta será cálida y útil porque admitiste que eres un ser humano y pusiste a la asistente, recepcionista o secretaria en una posición de poder. Es probable que consigas respuestas a tus preguntas.

Cuando dejes un mensaje, empieza con tu nombre y número de teléfono, y asegúrate de dictarlos despacio. Imagina que eres un director de orquesta usando una batuta para dibujar los números en el aire. Habla lento y con claridad y a continuación deja un mensaje corto, sucinto. Al final de tu mensaje, deja tu nombre y número telefónico de nuevo. Esto hará que sea más conveniente para alguien que esté escuchando sus mensajes en el carro o en la oficina. Nadie quiere volver a oír todo el mensaje solo para anotar tu nombre y tu número. Siempre haz lo que puedas para facilitarles a tus clientes potenciales que te devuelvan la llamada.

Un río que no se devuelve

Me gustaría saber por qué la gente no devuelve las llamadas. Estoy sorprendida de la frecuencia con la que encuentro gente que graba un mensaje que termina con: "... y le devolveré la llamada tan pronto como pueda" y ¡después no la devuelve! Sí, puede que tengan que devolver 20 al día, pero así es la vida cuando estás en el mundo de los negocios y tienes un teléfono.

Por supuesto, a lo mejor algunas personas a las que les estás dejando mensajes están teniendo el mismo problema: que no les devuelven las llamadas. Si tu intención es devolver llamadas de manera selectiva, redacta tu mensaje de acuerdo a esa intención. Incluso una frase tan corriente como "le devolveré la llamada tan pronto como pueda" suena como una promesa. Sé una persona de palabra. Tu mensaje causa una determinada impresión en quien te llama. ¿Por qué no tan solo devolver la llamada?

Un gestor hipotecario muy exitoso que conozco carga consigo dos celulares, incluso cuando está en el campo de golf con su mejor cliente. Él respeta el poder de devolver todas las llamadas. En el mundo de los negocios de hoy vale la pena entender que la información lleva la batuta. ¿Qué pasaría si alguien recibe diez llamadas, pero solo en una estuviera esta oportunidad dorada? Es probable que millones y millones de dólares en oportunidades se pierdan porque la gente no devuelve las llamadas. Sabios y místicos nos dicen que eventualmente se nos devuelve lo que damos. Si es el caso, hay una abundancia de malos modales al teléfono y en los buzones de mensajes acumulando mal karma, y las pérdidas serán para aquellos que no se molestan en devolver sus llamadas.

¿Qué tal si alguien te llama, deja un mensaje diciendo que le devuelvas la llamada, y cuando lo haces, no te contesta? La frustración podría ser minimizada si cada uno de ustedes dejara un mensaje haciendo preguntas específicas o dando instrucciones más precisas. He usado este proceso para resolver un problema de una manera rápida y que de otra forma me hubiera tomado mucho más tiempo. Usado así, el buzón de mensajes se convierte en tu amigo.

Jugar al gato y al ratón por teléfono cuando hay comunicación real que se está llevando a cabo no es tan frustrante como cuando hay que esperar que alguien devuelva una llamada. Si no recibes la llamada prometida, puede que tengas que confiar en tu sentido del humor para mantenerte positivo.

Colin, un vicepresidente muy ocupado de una compañía de bienes raíces nacional, me llamó para preguntar por un asunto relacionado con consultoría de ventas para su equipo. Yo le devolví la llamada con la debida diligencia, dentro del lapso de tiempo estimado en mi mensaje, pero no obtuve respuesta. Mi segundo mensaje (recuerda que fue él quien me llamó primero) era así: "Colin, recuerdo mi primera cita; recuerdo mi primer beso; recuerdo mi primer novio y recuerdo la primera vez que me rompieron el corazón. Sucedió cuando ese novio me dijo que me devolvería la llamada y nunca lo hizo. Entoooooonces, por favor no rompas mi corazón de nuevo". Colin recibió ese mensaje después de un largo día de agotadoras negociaciones y lo hizo reír a carcajadas. Gustoso, me devolvió la llamada.

Proceso de comunicación de contratación incremental

Es cierto que solo sufrimos de decepción y resentimiento cuando nuestras expectativas no se cumplen. Para manejar estos sentimientos, crea un contrato incremental con tu cliente sobre la mejor manera de mantenerse en contacto. Un contrato incremental es una serie de pequeños pasos que negocias con el cliente a medida que evoluciona el proceso de ventas y avanza hacia un acuerdo formal para hacer negocios. Siempre intento implementar ese proceso, pero cuando se me olvida o me acobardo, resulto teniendo sentimientos de arrepentimiento.

He aquí un ejemplo de contratación incremental:

— Alice: "Connie, ¿estás de acuerdo en que somos un equipo —trabajando juntas en este proyecto— necesitamos ponernos en contacto de cuando en cuando?"

— Connie: "Por supuesto".

— Alice: "Como parte de mi práctica profesional, devuelvo las llamadas en las siguientes cuatro horas. Sin embargo, todo el mundo es distinto. ¿Cuál sería para ti una cantidad de tiempo razonable para que me devuelvas la llamada si te dejo un mensaje en el buzón?"

Puede que Connie me diga que el buzón de mensajes es menos conveniente para ella y que contactarnos por medio del correo electrónico sería preferible. Si es así, tendríamos que llegar a un acuerdo sobre los tiempos de respuesta por medio del correo electrónico.

Practicar la contratación incremental con un cliente hace parte de una comunicación de ventas avanzada. Es probable que los comunicadores principiantes se sientan incómodos con el proceso y se alejen del reto escogiendo en lugar de eso soportar la frustración de esperar y hacerse preguntas al respecto. Los vendedores que escojan la contratación incremental se destacarán como líderes dispuestos a hacer lo que sea necesario para triunfar.

Manejar objeciones con elegancia

Una meta loable es ser espiritualmente elegante al hablar y actuar con ecuanimidad y gracia. Si yo no tuviera la intención de devolver las llamadas de mi buzón de mensajes, lo diría en mi mensaje. Si dices que vas a devolver las llamadas, entonces hazlo, incluso si te resulta inconveniente. Es más que un asunto de cortesía; nunca sabes cuándo la prosperidad aparecerá por medio de un mensaje de voz.

Capítulo 12

Objeciones genéricas de la industria de las ventas

Cualquiera que haya trabajado alguna vez en ventas casi con seguridad se ha encontrado en el lado receptor de las objeciones que tienen que ver con sus servicios o productos, hechas por parte de sus clientes potenciales. Lo que también es cierto es que no todos los vendedores saben cómo manejar esas objeciones de la mejor manera en determinado momento. Antes de cada una de mis sesiones de entrenamiento de ventas invito a los participantes a que elaboren una lista de objeciones difíciles con las que se han encontrado y para las que habrían querido tener una respuesta más apropiada. También les pido que elaboren una segunda lista de situaciones problemáticas de ventas que les han causado estrés, ansiedad o conflicto, y durante las cuales han sentido que han interferido o subestimado el potencial de ventas de la reunión.

Las objeciones y situaciones presentadas en los siguientes dos capítulos han sido seleccionadas entre muchos de los ejemplos presentados durante esas sesiones de entrenamiento.

Muchos de esos ejemplos son genéricos en su naturaleza y no pertenecen de manera específica a ningún sector de la industria de las ventas. Las objeciones y situaciones reportadas con mayor frecuencia fueron seleccionadas para ser incluidas en este libro. Mientras revisas los ejemplos espero que aprendas a ver con nuevos ojos y aceptar las objeciones y situaciones problemáticas como algo que sencillamente hace parte de las condiciones de vida de cada vendedor. Nadie está exento. Las objeciones y situaciones problemáticas tan solo son baches en el camino hacia el éxito en las ventas.

Como parte de mi práctica profesional, estoy disponible para consultas y entrenamiento individual sobre manejo de objeciones y problemas en situaciones de ventas que sean específicos del sector en el que laboras. Contáctame por medio electrónico en: salesobjections@alicewheaton.com.

Soluciones prácticas a objeciones comunes

Objeción: "Tenemos un proveedor preferido con el que estamos felices". (¡Solo porque un cliente potencial diga esto no quiere decir que así sea!)

Solución: "Sí, por supuesto. Permítame hacerle una pregunta: (no hagas pausa, pues esto es un gancho para crear interés en la pregunta que viene). Como líder de negocios, ¿cuántas revistas de negocios o profesionales lee cada mes?" Si no hay una respuesta rápida, continúa: "¿Podrían ser tantas como cuatro o cinco? ¿Está de acuerdo en que es importante estar abierto a nuevas ideas y soluciones? Si está dispuesto a invertir un poco de tiempo conmigo, le garantizo que los nuevos conocimientos y la nueva información que ganará habrán valido su tiempo".

Objeción: "La persona con la que necesita hablar está en una reunión. Deje su número de teléfono y le devolverá la llamada".

Solución: "Suena a que su jefa es una persona muy ocupada". Una respuesta típica es: "Sí, es muy ocupada". Ahora identifícate con la preocupación de la asistente diciendo: "No, no, no quiero agobiarla agregando otro mensaje. ¿Cuándo cree que estará de regreso en su oficina? ¿Contesta su propio teléfono? ¿Podría usted decirme cuál es el mejor momento para llamarla?"

Objeción: "Su tiempo de procesamiento es demasiado largo".

Contexto: el instinto del vendedor es reaccionar a la objeción como si necesitara ser resuelta de inmediato. En vez de eso, sé curioso. Consigue la historia que hay detrás del comentario, como se discute en el Capítulo 7. Intenta descubrir esta información haciendo más preguntas. Acepta la objeción antes de rehuirle.

Solución: "Cuéntame más..." "¿Cuál es el tiempo de procesamiento ideal?" "¿Por qué?" "¿Cuáles son las consecuencias si el tiempo de procesamiento es demasiado largo?" "¿Cómo le afecta a usted eso?" "¿Quién más se ve afectado? ¿Por qué?"

Objeción: "Su competencia dice que su solución es excesiva".

Solución: "Déjeme hacerle una pregunta. ¿Usted se pondría alguna vez en la posición vulnerable de ponerme a mí a que le aconseje sobre el producto de la competencia? No soy un experto en el producto de ellos y ellos no lo son en el mío".

Objeción: "Seguimos considerándolo".

Contexto: si los clientes necesitan largos periodos de tiempo para considerar su decisión, puede que tengan que pasar por todo un proceso de auditoría. Tienes que regresar y llevar a cabo una asesoría de necesidades/problemas y revisar sus motivadores clave. En el proceso de ventas, esto se llama recalificar. Si ellos dicen: "Lo voy a considerar" sin dejarte volver a revisar los problemas, ¡lo que en verdad quieren decir es "no"! ¡Solo sigue adelante!

Objeción: "Ya antes he hecho negocios con ustedes y no quedé satisfecho".

Solución: "Según entiendo, usted sintió que nuestros servicios no estaban al nivel que esperaba. Es por eso que sugiero que tengamos una reunión. ¿No está de acuerdo en que es imposible, tanto en su negocio como en el mío, proveer un producto o servicio perfecto el 100% de las veces, aunque luchemos por alcanzar esos estándares? Cuando no logramos alcanzar la meta que queremos, usamos la oportunidad para convertirnos en alguien mejor. ¿Es esto cierto para su compañía?" Si la respuesta es sí, entonces continúa: "Eso también es lo que nosotros hacemos y me gustaría hablarle sobre nuestros cambios y mejoras para ver si se adaptan a sus necesidades en este momento. Es lo justo, ¿no es cierto?"

Objeción: "Yo trato directamente con un proveedor y tendré que pagar más por tratar con usted".

Solución: "Por supuesto que quiere recibir el valor de lo que está pagando y por supuesto que quiere quedarse con su proveedor económico actual, siempre y cuando estén apoyando sus bienes de la manera en que se supone que deben serlo. Le sugeriría que hiciéramos una cita para comparar el valor recibido de cada compañía".

Objeción: "Estamos comprometidos con otro proveedor/línea de producto en este momento y no queremos cambiar".

Solución: "Oh, no le estoy sugiriendo que pase todos sus negocios a mi compañía. ¿No estaría de acuerdo en que, teniendo en cuenta que los clientes de hoy conocen mucho más, es importante saber sobre otras opciones y posibilidades? Eso es lo que me gustaría discutir con usted. Después de que nos encontremos, usted puede decidir no cambiarse, pero tendrá mucha más información para tomar su decisión".

Objeción: "Voy a vender el negocio".

Solución: "Interesante... ¿podría decirme un poco más sobre el proceso de encontrar un comprador y ser parte de su propia creación?" Puede que la respuesta saque a relucir ciertos problemas, ¡que solo tú puedes resolver!

Objeción: "Necesito discutirlo con mi(s) socio(s)".

Contexto: tienes que tener contacto con ambos/todos los socios. Si esto no ha sucedido, aquí hay una solución plausible.

Solución: "Por supuesto que tiene que hablar con su(s) socio(s). ¿Sabe? Me ha tomado muchos años acumular experiencia mientras continúo mi educación para mantener la experticia en esta línea de producto. Cuando hace visitas con sus socios, es probable que hagan preguntas que usted no puede contestar, lo cual debe ser frustrante para usted. Yo sugeriría que concretáramos una cita para que asistamos todos. Ahora, ¿dónde y cuándo puedo reunirme con todos ustedes?"

Opción: si el cliente responde que una reunión es casi imposible de concretar a causa de la variedad de horarios de todos los socios, sugiere entonces una teleconferencia para hablar sobre los productos y servicios que estás vendiendo.

Objeción: "Sé que dije que revisaría todo el material que me dio en la presentación inicial, pero no he tenido el tiempo".

Solución: "Es por eso que llamé. Se me ocurrió que podía estar demasiado ocupado y no tener el tiempo. Quisiera unos minutos con usted para que repasáramos algunos de los puntos clave de nuevo porque eso a la larga le ahorra tiempo".

Objeción: "¿Sus precios no son mejores que los de la compañía ABC?"

Solución: "El precio es un asunto muy importante y necesita discutirse ampliamente. Lo que me gustaría hacer, si le parece bien, es revisar todos los asuntos y los elementos que usted requiera de mí. Cuando tengamos eso claro, pasamos todo el tiempo que usted quiera discutiendo el precio. ¿Le parece justo?" (Remítete también al Capítulo 9: Precio, la madre de todas las objeciones).

Objeción: "Sus precios son demasiado altos".

Contexto: si se refieren al valor agregado, úsalo para pasar directo al proceso de establecer el valor de tu producto.

Solución: "Permítame hacerle una pregunta. ¿Sus representantes de ventas oyen alguna vez la misma preocupación cuando están presentando los productos o servicios de su compañía?" (El comprador probablemente dirá que sí.) "¡Exacto! ¿Por qué dirían eso sus clientes potenciales sobre usted? ¿Cómo les ayudaría a entender la posición del precio de su compañía?"

Objeción: "No tenemos el presupuesto para su producto".

Solución: "¡Oh, el presupuesto! ¿Se ha fijado en lo creativo que a veces hay que ser con la contabilidad y moviendo los recursos de aquí para allá? Lo que me gustaría hacer, si le parece bien, sería trabajar con usted para alcanzar sus metas de presupuesto, modernizar sus procesos de ventas y crear la mejor combinación para mejorar su presupuesto. Si sus compras de este año ya se hicieron, podríamos empezar a planear el presupuesto del próximo año".

Objeción: "¿Esa es su mejor tarifa?"

Solución: "Las mejores tarifas son importantes y me gustaría pasar el tiempo necesario revisando cómo establecemos nuestras tarifas y se las ofrecemos. Además, es muy importante que entendamos qué más es esencial para usted en cuánto a la provisión de nuestro servicio y el precio. Por lo tanto, lo que yo quisiera hacer, si a usted le parece bien, es reunirnos y saber qué sería valioso para usted. Me gustaría darle una descripción general de cómo trabajamos, que usted mismo pueda analizar. Si le parece que nuestras compañías se llevan bien, agendemos una cita para reunirnos de nuevo. ¿Le parece que este enfoque es justo?"

Objeción: "¿Cómo puedo verificar la calidad de su producto?"

Solución: "Permítame hacerle una pregunta:" (no esperes el visto bueno) "¿Qué se necesitaría para que usted sintiera confianza en nuestro producto? Si confiara en nuestra calidad, ¿estaría dispuesto a continuar?"

Objeción: "Hemos contratado a su compañía en el pasado y no quedamos satisfechos".

Solución: "¡Por eso estoy llamando! Como usted sabe, en los negocios" (haz una pausa porque no quieres que suene a que estás defendiendo o justificando el pasado, cosa que de todas maneras no se puede hacer) "las decisiones se toman usando las mejores políticas disponibles en ese momento, tanto en su compañía como en la mía, ¿no está de acuerdo? Por lo tanto, lo que me gustaría hacer, si a usted le parece, es fijar una hora para que nos encontremos y usted me cuenta en qué ha cambiado su negocio entre tanto y yo también le cuento cómo hemos cambiado nosotros. Después me dice si quiere que partamos de ahí. ¿Le parece justo?"

Objeción: "No requerimos de su servicio/producto en este momento".

Solución: "Bueno, es por eso que quisiera que nos reuniéramos; creo que hay que ser proactivo. Me gustaría que nos reuniéramos antes de que usted utilice nuestros servicios y/o productos para que sepa de antemano si nuestras compañías encajan y hay posibilidad de que trabajen juntas. ¿No es esto proactivo? (Es probable que el cliente esté de acuerdo). ¡Exacto! Así que sugeriría que nos encontráramos un rato para hacernos una idea el uno del otro para que después usted me diga si deberíamos hablar de negocios o no".

Objeción: "No me interesa".

Solución: "Oh, yo tampoco querría reunirme conmigo si no tuviera un valor que aportarle a su compañía y es por eso que estoy llamando. A otros diez compradores (nómbralos) como usted, les pareció que nuestro enfoque era bastante adecuado para poder hacer su trabajo con menos preocupaciones, mayores ventajas y excelentes productos. ¿Por qué no nos reunimos? Usted me dice qué funciona y qué no funciona para su empresa y yo le digo en qué aspectos les pareció a los otros clientes que el sistema ayudaba a su negocio. Después me dice qué opina. ¿Le parece justo?"

El cliente comprometido

Las objeciones de los clientes deben ser vistas como un buen momento para ti como vendedor pues el cliente se está involucrando contigo en ese punto. Un comprador o un cliente potencial que no da ningún tipo de retroalimentación demuestra que está desvinculado y es inaccesible. Aprender a recibir y responder a las objeciones es el primer paso para alcanzar el éxito.

Capítulo 13

Situaciones problemáticas que ponen en riesgo la venta

No es necesariamente la incapacidad de un vendedor para manejar objeciones lo que impide el proceso de venta. Hay situaciones problemáticas en las ventas que son incluso más desafiantes que cualquier objeción. Las situaciones problemáticas de ventas presentadas en este capítulo fueron seleccionadas entre las respuestas recibidas de los participantes en mis seminarios de entrenamiento para ventas y representan las situaciones más frecuentes que les generan a los vendedores profesionales el mayor estrés, ansiedad o conflicto, y en las que sienten que interfirieron o debilitaron el potencial de ventas de la reunión.

Soluciones prácticas a problemas prácticos

Situación: "Un cliente potencial me está ignorando por completo, aunque me estoy relacionando con él de la misma manera en que lo he hecho con otros y he obtenido resultados exitosos".

Contexto: ¡Todos los clientes son distintos! Ser ignorado puede hacer que te sientas rechazado, pero poner en duda tus habilidades te ayudará a descubrir el porqué del comportamiento del cliente potencial.

Solución: Hazle las siguientes tres preguntas:

1. ¿Qué cosa querría que su proveedor actual siguiera haciendo?
2. ¿Qué cosa querría que su proveedor actual dejara de hacer?
3. ¿Qué cosa querría que su proveedor actual empezara a hacer?

Solución: ¡Bingo! Las respuestas a esas preguntas te darán la información que necesitas para proceder.

Situación: "Durante una llamada en frío con el dueño de un negocio, hay muchas interrupciones y estamos cortos de tiempo. Termino hablando yo todo el tiempo y siento que nuestra relación no se está desarrollando".

Solución: No caigas en la trampa de hablar más que tu cliente (potencial). Tienes que aprender a hacer preguntas. Hablar, contar o explicar es muy irrespetuoso. Con razón la relación no se está desarrollando. Revisa el Capítulo 6: Las preguntas son la respuesta, ¿no es cierto?

Situación: "Me cuesta trabajo ser tomada en serio por el hecho de ser mujer y tener 23 años. Algunos hombres ni siquiera se dan cuenta de que estoy en el mismo recinto que ellos".

Solución: "No te comportes como una mojigata. Los jugadores de fútbol juegan según las reglas del fútbol. Los jugadores de béisbol juegan según las reglas del béisbol. Es importante que las mujeres entiendan y sigan las reglas de los negocios, lo cual incluye cómo vestirse. Las siguientes sugerencias de lectura te ayudarán a acelerar tu comprensión de esas reglas. Reclama tu parte pero no empieces a culpar a los hombres por tu falta de éxito. No le darías crédito a ningún hombre ni a nadie más por tus triunfos. Pensar: 'Es porque soy una mujer' te hace una víctima. ¿Por qué no usas tu energía para poder sobrepasar esas barreras de género en lugar de pelear batallas imaginarias?"

Encontrarás más ayuda en los siguientes libros:

Harragan, B. (1977). *Games mother never taught you: Corporate gamesmanship for women.*

Malloy, T.J. (1996). *Dress for success for women.*

Rubin, H. (1997) *Maquiavelo para mujeres.*

(Puede que los dos primeros títulos ya no se publiquen. Sin embargo, deben estar disponibles en tu biblioteca local...).

Recuerdo haber leído una historia sobre un hombre muy acaudalado que le dio a Marilyn Monroe un gran par de aretes de esmeraldas y diamantes. Cuando ella entraba en un recinto, la gente exclamaba: "¡Qué aretes tan hermosos!". Dejó de usarlos; así de resuelta estaba a no llevar nada, ni siquiera aretes, que pudiera distraer a la gente de su imagen como profesional. Cuando una mujer de negocios se viste de una manera que llama la atención hacia ella, y no en sus negocios, su credibilidad se ve afectada. ¿Por qué convertirse en "placer para los ojos" frente a gente que tiene la oportunidad de quedar impresionada por tu intelecto o tu capacidad como alguien que sabe cómo resolver un serio problema de negocios?

Situación: "Los clientes no devuelven la llamada cuando dicen que van a hacerlo".

Solución: "¿En verdad pensaste que lo harían? Dijeron que lo harían para deshacerse de ti con suavidad y para mantener su propia imagen de ser personas amables. Cuando te digan esto, responde algo como: 'No quisiera recargarle su jornada. Hago cantidades de llamadas durante un día, así que quisiera ser yo el responsable de contactarlo a usted. ¿Este viernes en la tarde le quedaría bien?'"

Situación: "A veces parece que el cliente no está escuchando lo que le estoy diciendo".

Solución: "¡Ni tendría porque hacerlo! La mayor cantidad de atención que es razonable esperar por parte de cualquiera son 45 segundos cada vez, a menos que estés hablando de sus necesidades, asuntos, preocupaciones, vida, etc. Recuerda la Regla 80/20. Deja que el cliente tenga 80% del tiempo al aire y restríngete al 20% restante, e incluso entonces deberías tratar de limitar tu diálogo a hacer preguntas para una mayor claridad. Las preguntas son la respuesta porque descubren más información".

Situación: "Le dimos su información al supervisor directo y todavía no ha devuelto la llamada. ¿Cómo hago para superar esto cuando la compañía insiste en que pase por Recursos Humanos?"

Solución: "Consigue el nombre del supervisor directo y pregunta como si todavía no hubieras mandado un paquete. Haz una llamada en frío, fija una reunión, promueve el proceso y haz lo necesario".

Situación: "Un cliente fue muy grosero aunque hice todo lo que estuvo a mi alcance para calmarlo y hacerle seguimiento a la información que me estaba pidiendo. Después puso una queja, diciendo que yo era incompetente".

Solución: No atiendo a clientes groseros ni soporto a gente grosera. Actúan desde el miedo y, en efecto, están pidiendo reconocimiento de la mejor manera que conocen. Aunque no los atiendo, no contraataco. Intento ser atenta y clara y mi respuesta podría ser: "Siento que usted y yo no encajamos bien". Considera cancelar la cuenta para que tu director de ventas o líder reasigne ese posible cliente a otro miembro de tu equipo. No hay vergüenza alguna en retirarse de lo que parece ser una situación de la que solo saldrán pérdidas.

Situación: "El negocio de mi cliente necesita obtener aprobación de sus otros consejeros, como sus abogados y contadores. A veces sus consejeros rechazan la propuesta solo porque no fueron ellos quienes la sugirieron".

Solución: "Esto suena a un juicio que tú mismo estás haciendo. ¿Cómo sabes que fue solo porque...? Ten claro el proceso de toma de decisiones y quiénes son los árbitros finales, antes de hacer la propuesta. Véndeles a quienes en últimas toman la(s) decisión(es)".

Situación: "¿Cómo lidiar con un cliente que me trata de manera automática como si yo fuera su enemigo sin razón aparente?"

Solución A:

"No trato con gente así, mucho menos clientes. Sin embargo, intenta crear un contexto de manera abierta y franca, en el que tengas la ocasión de preguntarle al cliente algo así: 'Sr. ______________, ¿me permite hacerle una pregunta que sea difícil de escuchar?' (Siempre van a decir que sí.) 'Tengo la impresión de que tiene unas opiniones muy fuertes sobre la compañía o sobre mí. ¿Quisiera hablarme de eso?'"

Solución B:

"Otro enfoque frente a esta situación es interrogar al cliente en un tono más suave preguntándole: '¿Podría o quisiera compartir sus experiencias conmigo? Para mí es importante entender por qué es tan precavido para reunirse conmigo'".

La mayoría de los clientes está lista para hablar de problemas del pasado; sin embargo, es importante que reconozcas y aceptes un "no" si una persona no está dispuesta a compartir sus experiencias o razones.

Lidiar con gente difícil

Siempre te encontrarás con algún cliente extraño al que nunca logres tener contento ni satisfecho y que agotaría la paciencia del mejor de nosotros, ¡incluso la del Dalai Lama! Cuando la gente es poco razonable, esto señala ampliamente su propia falta de habilidades de comunicación elegantes. Son incapaces de influenciar con facilidad; en lugar de eso todo se les convierte en una batalla. Los siguientes pasos te ayudarán a mantenerte cortés en la línea de fuego:

1. Deja que la persona se descargue. La gente con rabia quiere expresar sus sentimientos y después resolver el problema. La rabia es una emoción que está buscando a quién culpar. Cierra la boca para que su rabia no te reclame. Evita quedar atrapado en un filtro negativo, es decir, evita pensar: "¡Qué persona tan podrida, espantosa y mala es esta!" Cuando haces que la gente sea más mala en tu mente, no puedes evitar que tu tono de voz, tu mirada, la postura de tu cuerpo, etc. muestren tus verdaderos sentimientos.
2. Expresa empatía, que es la capacidad de identificarte con los sentimientos de otra persona.
3. Empieza una resolución de problemas activos.

4. Haz preguntas formuladas con cuidado que te llevarán a una comprensión mayor de los problemas inmediatos. Si puedes probarle al cliente que eres capaz de resolver los problemas activos, puede que de hecho vendas tu producto o servicio.

   Preguntas para resolver problemas:

» Dígame, desde su punto de vista, ¿qué pasó?

» ¿Esto ya ha pasado alguna vez? ¿Bajo qué circunstancias en esa ocasión? ¿Las mismas o distintas a la actual?

» ¿Quién estaba involucrado?

» ¿Qué se hizo o se intentó hacer para remediar la situación en el pasado?

» ¿Lo que funcionó en el pasado, funcionará ahora o necesitamos un enfoque completamente diferente?

» ¿Cómo cree usted que será implementada esta estrategia para resolver el problema?

» ¿Quién más debería estar involucrado?

» Busca el acuerdo mutuo en una solución.

» Haz seguimiento.

Siete pasos para enmendar los daños

Es inevitable que cometas errores con los clientes, ¡nadie es perfecto! Si cometes un error, asume la responsabilidad por tu error, descuido u omisión, y hazlo de tal manera que promueva la reconstrucción de la confianza del cliente, tal vez a un nuevo nivel, como si no hubieras cometido el error en primer lugar. Puedes usar el proceso de los siete pasos para enmendar los daños. Yo lo llamo cariñosamente el proceso de tropieza y confiesa.

1. Admite tu error. Recuerda, ¡errar es humano, perdonar es divino!
2. Enfatiza. "Siento que está muy enfadado. Entiendo cómo los eventos que ocurrieron lo llevaron a sentirse insatisfecho conmigo, nuestro producto o nuestro servicio", lo que sea que aplique.
3. Haz una promesa antieruptiva. "Voy a hacer lo mejor que pueda para que no vuelva a pasar".
4. Pide perdón. "Espero que me perdone." Decir "lo siento" o "me disculpo" sigue siendo sobre ti, y no es suficiente. Crea la oportunidad para que tu cliente te perdone por tu error pero no esperes que lo haga de inmediato. Verás que la mayoría de la gente estará dispuesta a hacerlo porque quieren la experiencia de la reconciliación tanto como tú.
5. Pregunta qué puedes hacer para compensarlos. Asegúrate de que tus palabras sean sinceras o puede que tu cliente piense que estás tratando de dejar el incidente atrás.
6. Si te piden la luna, di: "Me gustaría poder, pero simplemente no es posible. Trabajemos en una situación en la que salgamos ganando los dos".
7. Después de que haya pasado algún tiempo, repórtate con el cliente para ver si ambos están listos para avanzar en su relación de negocios. Asumir que la conexión con el cliente puede repararse al instante es ingenuo. Darle tiempo permite que sentimientos fuertes hacia situaciones problemáticas que ponen en riesgo la venta se vayan aplacando, y le permite a quienes están involucrados volver a tener una perspectiva después de lo que puede haber sido un incidente o una interacción emocionalmente cargados.

Lo mejor de ti solo puede mejorar

Las situaciones problemáticas pueden ser más difíciles de manejar que hacerse cargo de las objeciones de los clientes. Tener una manera apropiada para ocuparse de ellas es tan necesario como tener una estrategia para resolver las objeciones. Si el cliente no quiere aceptar tus intentos por enmendar las cosas, no intentes forzar el problema. En este punto crítico, tu persistencia podría causarle un daño irreparable a la relación. Recuerda que es necesario que aprendas a aceptar un "no" por parte del cliente. A lo mejor no lo pierdes si eres respetuoso de su reticencia —en el momento— a aceptar tus esfuerzos por hacer enmiendas.

Capítulo 14

El guion del millón de dólares

La experiencia me dice que el miedo al rechazo es una de las principales razones por las cuales a los vendedores no les gusta hacer llamadas en frío. Este sentimiento de rechazo empieza cuando el cliente potencial argumenta con objeciones y el vendedor se siente mal equipado para manejarlas de manera positiva.

Los clientes sabios saben demasiado bien que hacerle una objeción a un vendedor que está explorando, en general, los dejará desarmados. Saben que muy, muy pocos de hecho, se pondrán en la tarea de ocuparse de objeciones como "Yo ya tengo un proveedor con el que estoy satisfecho". Es más probable que el vendedor diga: "Oh, está bien. Muchas gracias. ¿Puedo mandarle de todas formas alguna información?", a lo que el cliente potencial accede con un: "¡Sí!".

El vendedor tal vez enviará el folleto, tal vez no. De cualquier forma, el resultado para él es el mismo. No van a cerrar el negocio. La meta última de esa llamada es colgar con un síndrome de oídos felices intacto porque el vendedor logró que el comprador dijera que sí a algo, en este caso, a que le enviara el folleto. Este es un substituto pobre a discutir más ampliamente la objeción y asegurar un sí a la petición de una cita. Dejan que cualquier escaramuza —cualquier objeción— los aparte del camino y entonces se retiran poniendo sus delicados sentimientos y sensibilidades por encima de la verdadera meta. Nada, al menos nada bueno, viene por sí solo. Los resultados positivos deben buscarse. Hay que pagar un precio por todo lo que alcanzamos en la vida. El precio que los vendedores pagan es sentirse incómodos todo el tiempo mientras bailan con las objeciones del cliente.

Hay que pagar un precio por todo lo que alcanzamos en la vida. El precio que los vendedores pagan es sentirse incómodos todo el tiempo mientras bailan con las objeciones del cliente.

Ocuparse con éxito de las objeciones de los compradores es un prerrequisito para asegurar una cita y al final cerrar el negocio. Para ese propósito he desarrollado lo que llamo el guion del millón de dólares, que puedes usar a partir de ahora como un nuevo modelo para todas tus llamadas a clientes potenciales.

Explora y prospera, pero usa un guion

Este se llama el guion del millón de dólares porque, si desarrollas tu propio guion integrando estos principios con tu personalidad, venderás millones de dólares en productos y/o servicios.

¡Los que más exploran, más venden! Para los negocios que están más orientados hacia los productos, solo cinco llamadas en frío mutuamente respetuosas, por vendedor, por semana, generarán la cantidad de negocios suficientes para alcanzar cualquier meta. Puede que esto suene como una afirmación extravagante, pero es verdad. Esas llamadas de ventas tienen que iniciarse con un guion que contenga mis principios de un millón de dólares, y deben elaborarse sobre la personalidad del vendedor. Son principios de un millón de dólares porque crearás tu propio éxito financiero si los aplicas con regularidad para atraer nuevos clientes.

Recuerdo que uno de mis profesores de Biología solía decir: "Para los sabios, una palabra es suficiente". Ben Franklin lo decía de otra manera: "Los sabios aprenden de sus propias experiencias. Los verdaderamente inteligentes aprenden de alguien más". Al leer esto, alcanzo a oír a algunos de ustedes diciendo: "Yo no creo en guiones ni quiero que mis vendedores los usen". Sin embargo, ¡todos lo hacen! Si escuchara a alguien durante tres llamadas, sabría con exactitud lo que van a decir en la cuarta. Consciente o inconscientemente, todo el mundo usa un guion y, de acuerdo con mi experiencia, un buen guion está pensado para la tranquilidad personal del usuario y está hecho a la medida de su personalidad y su zona de comodidad. Una vez que cuentes con un buen guion, siempre debes esforzarte por implementarlo todo el tiempo, incluso cuando a veces lo ejecutes con imperfecciones.

En los primeros diez segundos de cualquier encuentro nuevo, hay varios elementos de cualquier guion que debes implementar si vas a ganarte la atención, el respeto y la receptividad de tu nuevo cliente potencial. Un vendedor alfa ya sabe que nunca debe decir: "¿Cómo se siente en el día de hoy?" Nada es más efectivo que esta pregunta tan poco sincera y universalmente agotada para confirmar que eres un vendedor ordinario y corriente. Un buen guion debería tener todos los principios del millón de dólares que vienen a continuación.

Principios del millón de dólares

1. El primer principio es crear alineamiento y receptividad, en lugar de pensamiento oponente y resentimiento, durante los primeros diez segundos de la llamada. Cuando formules tu intervención inicial para establecer esto, tu cliente potencial empieza a escuchar en vez de pensar. Cuando está pensando, se está distanciando de tus planes al preguntarse: "¿Quién es ella?, ¿Qué es lo que quiere?, ¿De dónde sacó mi nombre?". Es importante contestar todas esas preguntas mentales tan pronto como empiezas: "Hola, mi nombre es ________________, no nos conocemos todavía y la razón por la que estoy llamando es..."

2. El segundo principio es herir al cliente potencial con amabilidad y delicadeza. Puedes hacer esto SOLO si sabes qué problema estás en capacidad de resolverle a tu cliente. Cuando les pido a los participantes de mis talleres que hagan una lista de cuatro cualidades o características que tengan los productos o servicios que ellos venden, que sirvan para resolver problemas, siempre me sorprende cuántos de ellos parecen no tener respuesta.

3. El tercer principio es ofrecer una pequeña solución, como una curita para la herida.

Un vendedor alfa ya sabe que nunca debe decir:
"¿Cómo se siente en el día de hoy?"
Nada es más efectivo que esta pregunta tan poco
sincera y universalmente agotada para confirmar
que eres un vendedor ordinario y corriente.

---

4. El cuarto principio es prevenir resistencia al darle una elección legítima de decir que no tres veces. Esto se puede lograr de una forma sutil, para que los clientes potenciales no lo sepan de manera consciente, pero lo sepan a nivel inconsciente y escuchen con interés mientras se los recuerdas durante tu presentación. La mayoría de seminarios y recursos que dan los entrenamientos de ventas motivan a los vendedores a que hagan preguntas de tal manera que se genere una cadena de "sí" por parte del cliente. En mi opinión, eso equivale a hacerle trampa de manera irrespetuosa. Los compradores casi siempre saben que están siendo manipulados y si esta técnica en verdad funcionara, habría más vendedores en la lista de los mejores. Cuando un asesor financiero me llamó hace poco, empezó su presentación con: "¿Está interesada en retirarse con suficiente capital para llevar el estilo de vida que quiere?" Ese tipo de pregunta retórica me hubiera ofendido si no hubiera sido obvio que había sido concebida para obtener una sola respuesta posible: "Sí, por supuesto". Cualquier pregunta que no le permita al comprador pensar y responder con honestidad por elección propia es manipuladora. Los grandes cazadores y los que cierran el negocio son los vendedores alfa. Siempre van a la cabeza con excelentes récords de ventas gracias a su capacidad excepcional y genuina para vender. No tienen necesidad de manipular a los compradores ni a los clientes para cerrar el negocio.

5. El quinto principio es solicitar, esperar, recibir y aceptar las objeciones. Solo hay seis objeciones comunes de las llamadas en frío y seis objeciones de la industria que es posible que recibas durante la llamada inicial. Digo que "es posible" que recibas porque es poco probable que te toque enfrentarte a las doce en una sola vez. Es más probable que recibas entre cuatro y dos de las más comunes a las llamadas en frío y dos más específicas de tu sector de la industria de ventas. Cuando las conoces, eres capaz de anticiparlas y entonces es mucho más fácil ocuparse de ellas.

6. El sexto principio es pedir la cita tres veces. Tus probabilidades de obtener la cita aumentan 25% cada vez que la pides. Con cada pregunta, demuestras ser un vendedor alfa y alguien que probablemente no va perder el tiempo del cliente con una conversación llena de charlatanería y sin ninguna substancia. De hecho, te vuelves espiritualmente elegante, lleno de ecuanimidad y gracia, un líder natural. Los clientes "de alta gama" no quieren seguir a un vendedor indeciso.

7. El séptimo principio es entender y aplicar el conocimiento de que la gente siempre va a contestar "sí" a dos preguntas, que son: "¿Tienes sentido del humor?" y "¿Eres una persona justa?" Usa ese conocimiento para volver más sólido el acuerdo en la reunión.

8. El octavo principio es tener una actitud de disciplina y desapego. Quiere lo que quieras con todo tu corazón y tu alma. ¡Levántate cada mañana con una chispa en tu estómago y después échale gasolina! Da lo mejor y más ferviente de ti y después sepárate del resultado. Cuando puedas hacer esto, no te tomarás un "no" como si fuera personal, sabiendo que ni siquiera Donald Trump gana cada vez. El único comentario al respecto debería ser: "¿Y qué? ¡Siguiente!"

Usar el guion del millón de dólares: un ejemplo

Alice: "Hola, James. Me llamo Alice Wheaton. No nos conocemos pero la razón por la cual lo estoy llamando es porque tengo entendido que usted es la persona a cargo de la compañía. ¿Es eso cierto o alguien ha estado difundiendo un rumor?"

En general esa introducción suscita una risa afirmativa. En algunos casos, puede que James diga: "No, no soy yo. Usted busca a Betty Smith". No me preocupo si esto pasa porque ahora tengo una referencia de la persona correcta, Betty Smith, por parte de una fuente interna. Sin embargo, asumamos que James es la persona indicada. ¿Ahora qué? ¡Sigue leyendo!

—Alice: "Déjeme decirle lo que hago para que usted puede decirme si somos compatibles. Primero, permítame hacerle una pregunta. Como líder de ventas, ¿se propone pasar tiempo entrenando a sus nuevos vendedores y se da cuenta de que su tiempo es tan limitado que no puede cumplir su compromiso?"

Primera objeción

— James: "Pero ya tenemos un entrenador de ventas".

— Alice: "Por supuesto. Dígame, ¿qué tan por encima del presupuesto estuvo el equipo de ventas el año pasado?"

— James: "El 10%"

— Alice: "Permítame hacerle otra pregunta. ¿Usted lee una o varias revistas de negocios al mes?"

— James: "Leo al menos cinco".

— Alice: "Claro, porque quiere tener varias fuentes de nuevas ideas, ¿no es cierto?"

— James: "Sí, supongo que así es".

— Alice: "Es por eso que se beneficiaría de un encuentro conmigo. Puede que aún así decida que no podemos trabajar juntos, pero si acepta que nos reunamos, le garantizo al menos tres nuevas ideas. ¿Está libre el último jueves de este mes?"

Segunda objeción

— James: "¿Qué conocimientos tiene usted sobre el mercado agrario?"

— Alice: "De hecho, muy pocos. Sin embargo, cuando se quiere alto rendimiento de ventas no necesariamente se requieren los servicios de un especialista en la industria agrícola. Eso es lo que discutiremos cuando nos reunamos: sus necesidades únicas y áreas de experticia en entrenamiento".

Tercera objeción

— James: "Nuestro presupuesto de entrenamiento del año está por terminarse".

— Alice: "Si hay una cosa que sé sobre directores de departamento como usted es que cuando llegan los recursos para ayudarle a manejar su negocio y a superar sus objetivos de ventas, los presupuestos creativos se vuelven su especialidad. ¿Es esa una descripción acertada de cómo le gustaría responder bajo esas circunstancias?"

— James: "Sí, tiene razón".

— Alice: "Genial. Reservemos una hora para nuestra reunión".

Cuarta objeción

— James: "¡Una hora! ¿No lo podemos hacer en menos tiempo?"

— Alice: —Sí, por supuesto que podríamos, pero me temo que tanto usted como yo saldríamos estafados. Yo no entendería su situación de la manera en que necesito para saber qué sugerencias de mejorías o cambios hacerle".

Quinta objeción

— James: "No lo sé. Estoy bastante ocupado".

— Alice: "Pongámonos la cita y si después de una hora no ha recibido al menos tres nuevas ideas irreprochables que pueda usar con su equipo de inmediato, donaré $50 dólares a su organización benéfica preferida".

— James: (riendo) "¿Alguna vez alguien le ha cobrado eso?"

— Alice: "No, nunca. Ahora, para nuestra cita, ¿Qué tal le parece el jueves 10 de mayo? Le sugiero temprano en la mañana y si le parece bien, ¿digamos a las 9:00?"

Sexta objeción

— James: "Me parece bien. Pero ¿podría llamar a confirmar el día anterior?"

— Alice: "Por supuesto que puedo confirmar el día anterior, pero hagamos un trato en que salgamos ganando los dos... Si se me llega a presentar algo, me comprometo a llamarlo (PAUSA) y usted hace lo mismo por mí (NO HAGAS PAUSA AQUÍ). Es lo justo, ¿no?".

Nota: si garantizas algo de valor durante la primera reunión, tienes que estar seguro de poder cumplir. Hay muchas maneras en las que puedes aportar al valor agregado durante la primera reunión; por ejemplo, sacar tres o cuatro artículos de internet sobre la industria del cliente potencial y ponerlos en una carpeta de presentación. Solo te limita tu capacidad de pensar y actuar con creatividad.

Tasa de cierre

Si revisas este guion, notarás que pido la cita (o cierro) seis veces. Mi experiencia me dice que cada vez que pido la cita, mis probabilidades de conseguirla aumentan al menos un 25%. También le demuestro a mi cliente mi capacidad de aguantar, de hacerme cargo de todas las objeciones y en efecto, seguir en mi propio círculo de poder.

Finalmente demuestro las habilidades que le mostraré a su equipo de trabajo: cómo mejorar su producción de ventas. El cliente acepta por instinto que un vendedor así vale la inversión de una hora.

Conclusión

Dominar las objeciones internas y externas

Querer lo que quieres y cuando lo quieres es parte de la condición humana. Sin embargo, debes ser paciente. No esperes recibir y ocuparte de las objeciones con facilidad cuando acabas de empezar a utilizar tu nuevo conocimiento. Los padres y profesores creen que están dando un buen consejo cuando les dicen a los niños: "Si lo vas a hacer bien, hazlo bien desde la primera vez". Por desgracia, ese pobre consejo se lo toman a pecho. Los niños pequeños no pueden hacerlo bien la primera vez y muchos de ellos ni siquiera lo intentan. Por consiguiente, son (somos) aprendices heridos. Así es como se forman las personas que procrastinan y evitan hacer las cosas.

El éxito será tuyo si empiezas el proceso de aceptar, entender y responder a las objeciones, aunque de manera imperfecta, ahora mismo. Un niño no se convierte en un patinador consumado hasta que ha practicado mucho, y tú también debes practicar. ¿Recuerdas la moraleja de la historia de Jason y Jill, que ya fue relatada en este libro? La competencia precede a la confianza. El camino a la excelencia empieza con el primer paso imperfecto y se construye con tu voluntad de mejorar paso a paso. Luchar para ser perfecto no es viable ni posible. ¡Date a ti mismo la oportunidad de aprender!

Cuando empieces a implementar las estrategias presentadas en este libro —y recuerda, lo harás de manera imperfecta al principio— tu competencia crecerá. Intentar entender las razones detrás de las preocupaciones de los clientes no es agresivo: es lo opuesto. Al hacer preguntas, estás creando una conexión para resolver dificultades. Cuando esas dificultades se entienden, incluso si no pueden ser resueltas, el camino está abierto para nuevas relaciones y nuevos negocios.

Cuando los vendedores escuchan objeciones, a menudo se sienten amenazados. Sin embargo, tú ya estás familiarizado con las seis objeciones más comunes que recibimos cuando hacemos llamadas en frío. Cada vendedor ha aprendido a recibir la objeción del precio, común a todos los sectores de la industria de ventas, así como otras objeciones típicas de la industria de ventas en general. Ahora estás armado con modelos para desarrollar un guion para cualquier objeción que encuentres. Pero incluso con el guion, por supuesto, no hay garantía de que no te tropieces o digas algo que no quieres. Sin embargo, ahora ya sabes responder a objeciones que alguna vez te dejaron sin palabras. Ahora estás equipado para decir: "Cuénteme más al respecto" o "Tengo curiosidad, ¿por qué me pregunta eso?" El uso de esos estímulos de la conversación te permite motivar al cliente, con amabilidad, a que aclare sus respuestas y preocupaciones.

El proceso de manejar objeciones les ayuda a los compradores a entender mejor sus propios dilemas. Cuando responden con una objeción, esa es una muy buena señal pues da cuenta de que están involucrándose en el proceso y esto es mucho mejor que la pasividad o una distancia creciente. Tus habilidades de indagación transforman una objeción en una oportunidad que te permita establecer compromiso y una comprensión más clara del dilema de un cliente así como de sus preocupaciones. Al entrenar estas habilidades, te presentarás como un profesional en vez de un principiante que se precipita con una solución antes de que los problemas del cliente y su contexto hayan sido explorados de manera adecuada. Hasta que las implicaciones del problema del cliente hayan sido reveladas, la mejor solución será desconocida.

La reflexión es una parte importante del desarrollo de esas habilidades. Después de cada llamada deberías registrar tus impresiones. ¿Qué funcionó, qué no, qué preocupaciones fueron expresadas? ¿Te precipitaste con una respuesta o ejerciste autocontrol e hiciste más preguntas? Si preguntaste o dijiste: "¡Por favor, cuéntame más!", hiciste bien tu trabajo. Si te lanzaste sin hacer preguntas, recupérate la próxima vez diciendo: "Pues bueno" y avanzando hacia mejorar tus procesos.

Siempre hay otra opción disponible para ti. Puedes hacer una visita de seguimiento o una llamada el día siguiente. "Estuve pensando en nuestra reunión de ayer y me di cuenta de que no tengo toda la información que necesito para preparar su cotización. ¿Recuerda cuando mencionó que le preocupaba el almacenamiento y yo le dije que nos podíamos hacer cargo de eso por usted? ¿Qué quiso decir con eso exactamente? Quiero estar seguro de que la cotización refleje todas sus necesidades".

Ahora sabes que lo más respetuoso que puedes hacer cuando hiciste una pregunta es quedarte completamente callado. En nuestra sociedad occidental existe una tendencia a tolerar muy poco el silencio, ¡incluso apenas segundos! Es importante aprovechar la ansiedad que el silencio genera. Tal ansiedad les sirve a tus clientes para declarar la verdad de la situación. Otra razón para quedarse callado es que el cliente necesita tiempo para pensar en lo que le has preguntado. Si hablas antes de que lo haga él, estás robándote tiempo que no es tuyo y estás dejándolo salirse con la suya sin tener que responder a la pregunta. Después quedas lleno de suposiciones y no de hechos.

Date el derecho a ser claro con los cinco saberes, introducidos previamente en este libro siguiendo los tres importantes pasos: a) hacer preguntas; b) entender las necesidades del cliente y c) ejercer el autocontrol.

Recuerda que las objeciones estándar y las situaciones difíciles —así como tus respuestas adecuadas para ellas— son fáciles de aprender y de incorporar.

Incorporarlas a tu propia voluntad se volverá parte de tu segunda naturaleza con una práctica continua (pero imperfecta). Una vez hayas adquirido esta competencia, tu puerta al éxito y la maestría personal está abierta de par en par.

Sigue monitoreándote y asegúrate de que tus propias objeciones internas estén siendo atendidas. Si descubres debilidades —y es muy probable que lo hagas— no te sientas intimidado. ¡En vez de eso, celébralas sabiendo que contienen semillas para tu futuro éxito! Si no es ahora, ¿cuándo?

Apéndices

Apéndice A

Mercadeo en red

Un segmento de nuestra industria que promete innumerables oportunidades para el éxito es el mercadeo en red. Este enfoque de ventas que se está expandiendo con velocidad se ha convertido, con certeza, en una faceta significativa de nuestra industria. Con una inversión monetaria muy pequeña, casi cualquiera con suficiente motivación puede aprender a dominar una de las habilidades esenciales de nuestra cambiante economía. Esta habilidad es, por supuesto, la de cómo vender.

De todas las oportunidades de mercadeo en red disponibles hoy, la mayoría se especializa en la que describimos de manera colectiva como la industria del cuidado de la salud. Por consiguiente, este capítulo se concentrará en este tipo de productos. Sin embargo, los vendedores astutos sabrán cómo aplicar estos ejemplos a otros sectores de empresas del mercadeo multinivel y en red, sin importar que estén en el mercado del aseo del hogar o productos para el cuidado automotriz.

La gente acepta el reto del mercadeo en red por varias razones.

Para:

» Ser proactivos con respecto a su futuro mientras están en un trabajo que parece ser un callejón sin salida.

» Ganar dinero extra sin estar atados a un horario.

» Volverse dueña de su propio destino.

» Convertirse en empresarios y empresarias.

El mercadeo en red se ha convertido en el terreno de prueba para los empresarios emergentes. Aquí tienen un espacio para desarrollar y ampliar su perspicacia para los negocios. Más aún, aprenden a gran velocidad. Este segmento de la industria de ventas apoya a sus miembros con conferencias nacionales regulares, sesiones semanales de aprendizaje con personajes de alto nivel y con una plétora de libros, audios y videos.

Si llevas la chispa en tu estómago, hay muchos recursos que te ayudarán a alcanzar tus metas. Cuando les pregunto a empresarios exitosos cómo empezaron, a menudo me contestan que empezaron trabajando para una empresa de mercadeo multinivel y que esto les dio el incentivo y el ímpetu que necesitaban para salir adelante y crear su propia empresa de negocios.

Objeciones del mercadeo en red

Objeción: "Como un participante potencial, ¿cómo supero el estigma asociado a los negocios de mercadeo y multinivel?"

Solución: "Esto es difícil porque el negocio atrae a más gente que quiere ser exitosa, pero basándose en el esfuerzo de otros. Este negocio requiere de trabajo duro y son muchas más las que han perdido sus ahorros que las que han tenido éxito. Sin embargo, muchas sí tienen éxito. La proporción de empresas emergentes que triunfan es similar a la de empresarios que establecen un negocio con su propio producto o servicio. Necesitas tener una mente abierta frente a tu propio éxito. Puedes hablar sobre el éxito de otros, pero hasta que no tengas tu propio triunfo no podrás reclamarlo. Nuevos productos y servicios están siendo introducidos al mercado con regularidad. Cuando estés reclutando, intenta ser tan objetivo como entusiasta".

Objeción: "Sus vitaminas no hacen lo que prometen en los anuncios".

Contexto: muchas personas esperan milagros o resultados inmediatos de los productos. Puede que no estén usando los productos de acuerdo con las instrucciones.

Solución: "Sr./Sra. ____________, cuando ve la foto de una torta en una revista, ¿usted intentaría hornearla usando una receta diferente? Pasa lo mismo con los efectos de nuestro producto. Siga las instrucciones y obtendrá los resultados prometidos".

Objeción: "No quiero pagar los gastos de envío".

Solución: "Bien, enviarle los productos cuesta dinero. Los gastos de envío podrían estar incluidos en el precio de la mercancía, lo cual la haría más costosa, o se pueden presentar por separado. Cuando usted compra un melón en el supermercado, los gastos de envío están incluidos en el precio que usted está pagando. De cualquier forma, usted está pagando por el envío".

Objeción: "No necesito usar suplementos naturales".

Contexto: aquí tienes que poder dar un testimonio personal después de haber completado una asesoría de afecciones de salud. Cuando hagas una lista de algunas áreas de preocupación específicas, puedes hablar sobre tus propios problemas de salud y cómo te has beneficiado usando esos productos en particular. No pretendas saber todo sobre condiciones médicas. ¡No juegues al doctor!

Solución: "No soy un médico. Solo puedo hablarle sobre los beneficios que otros y yo mismo hemos experimentado usando...".

Objeción: "Esperaba resultados más pronto".

Solución: usa la analogía de plantar papa: cómo se necesitan meses de sol, lluvia y cuidado para alcanzar los resultados deseados. También podrías decir: "Pasaron varios años para que usted llegara al estado en que está ahora. Dele al menos unos cuantos meses para empezar a revertir los efectos de todos esos años". (Esto podría aplicarse a fumar, comer en exceso, inactividad, etc.).

Objeción: "Estoy demasiado ocupado para encontrarme con usted".

Solución: "Oh, estar ocupado es una buena cosa. Casi todas las personas que se vuelven exitosas tienen uno o incluso dos trabajos, sin mencionar el trabajo diario que implica cuidar a una familia. Por eso es que lo llamé, para ver si quiere una oportunidad de concentrar algo de esa energía en su propio negocio, donde sus esfuerzos construyen sus propios sueños y obtiene la recompensa y el reconocimiento que el mundo corporativo no necesariamente le da".

Objeción: "Mercadeo multinivel y en red; es una estrategia de dinero fácil y no estoy interesado".

Solución: para esta objeción una serie de preguntas puede ayudar, pues parece que esta persona tiene una percepción negativa de la cual hay que ocuparse primero.

1. "Cuénteme sobre sus experiencias con el mercadeo multinivel y en red".

2. "¿Usted o alguien que conoce ha tenido una mala experiencia? "[Si sí] "Cuénteme al respecto". "[Si no] Dígame de dónde sacó esa impresión. ¿Hace cuánto tiempo que la tiene? Como sabe, cada

industria, incluida esta en la que usted está trabajando ahora, evoluciona y cambia con el tiempo. Déjeme contarle la historia del mercadeo multinivel y en red así como la historia y la visión de la compañía que yo represento. Luego me dice si todavía siente que es una estrategia de dinero fácil. Si es así, está bien. Si no, también está bien. ¿Le parece justo?"

Nota: Es importante que conozcas y seas capaz de discutir la historia de la industria y de la compañía que representas.

Objeción: "Ya una vez fui miembro y no me fue muy bien".
Solución: "Permítame hacerle unas de preguntas:

» ¿Pensó que se iba a inscribir y que la riqueza llegaría de inmediato?

» ¿Qué medidas tomó para prepararse para el éxito?

» ¿Cuántos libros de ventas leyó?

» Cuénteme sobre los cursos a los que ha asistido.

» ¿Cada uno de sus mentores tenía un buen equipo de herramientas para el éxito?

» ¿Le enseñaron cómo abordar y presentarles sus ideas a otros?

» ¿Le enseñaron a manejar sus emociones y los sentimientos de miedo, duda e inseguridad que todos experimentamos?

» ¿Estaría dispuesto a dejar atrás el pasado, usándolo como un puente para su éxito futuro?

Si así es, genial. Porque así es que trabajo con mi red. Si nos encontramos a mitad de camino, estoy muy comprometido con su éxito.

Si no es así, gracias por su tiempo. Aquí hay una oportunidad y si cambia de opinión, por favor llámeme".

Objeción: "Cuesta demasiado. No puedo pagarlo".

Solución: empieza por anunciar el costo, pero no pares ahí. Di que eso es solo el comienzo, son apenas las cifras. Muchos clientes sienten que no pueden pagarlo hasta que resuelven cómo hacer para que otros paguen por el producto y tener fondos de sobra. "Bueno, pues yo tampoco querría hacer una inversión por adelantado si no estuviera seguro de que la ganancia sobre ese dinero ha de ser buena. Déjeme mostrarle cómo obtener una ganancia sobre la inversión inicial una y otra vez, y después decide. Es lo justo, ¿no cree?"

Una vez le hayas dicho cómo mover su producto sin una inversión significativa, pregúntale a tu posible cliente si está dispuesto a dejar el precio de lado por ahora, mientras les explicas cómo ganar dinero extra varias veces sobre el costo del producto, y con regularidad.

Objeción: "No necesito el producto".

Solución: "Qué bien por usted. ¡Qué afortunado estar en su posición! Seguro está haciendo algo que los demás no. Para ser honesto con usted, este producto no es para quienes lo necesitan, es para los que lo quieren. Para los que saben que, a menos que lleven una dieta orgánica sin aditivos, algún aspecto de su nutrición está en peligro. Ahí es que toman una decisión consciente de hacer algo extra, aunque puede que se sientan perfectamente bien todo el tiempo. Quieren hacer lo mejor que puedan por ellos mismos. Previenen que su sistema inmunológico se haga más lento. Mientras esas personas maduran, su intensidad es evidente y su edad no".

Objeción: "No tengo tiempo para el negocio. Ya tengo tres trabajos".

Solución: "Déjeme hacerle un par de preguntas:

» ¿Puede contarme más sobre su situación?

» ¿Por qué tiene tres trabajos?

» ¿De qué manera apoyan sus sueños esas organizaciones

» ¿Ha considerado la posibilidad de ser su propio jefe?

» ¿Renunciaría a un trabajo si encontrara otro donde no hubiese límites para las oportunidades de ganar dinero?

» Dígame, ¿qué le parecería trabajar y ganar dinero, sin que nadie más aparte de usted maneje su tiempo?"

Al hacer preguntas, ya sean sobre las objeciones de tus clientes o no, una buena regla general es hacer tu pregunta con base en la última afirmación hecha por el cliente. Esto es lo que yo llamo sembrar la conversación.

Fíjate en la siguiente situación en la que un vendedor de redes se reunió con una posible recluta que decía: "...y además, yo no estoy hecha para vender". La mayoría de los reclutadores dice: "Oh, no te preocupes. Ofrecemos una gran variedad de entrenamientos. Cada semana hay dos o tres sesiones de entrenamiento a las que puedes asistir". ¡Eso no se dice! Puede que la cliente piense: "¡Oh, no! No puedo dejar a mi familia sola tres noches seguidas", pero es probable que no lo diga porque sabe que el reclutador le ofrecerá algo que sonará a solución prefabricada para cada una de sus objeciones. Si tu respuesta es lanzar una solución para refutar cada una de las preocupaciones que expresa un posible recluta, puede que sus verdaderas reservas, suposiciones y otras percepciones falsas o imprecisas nunca sean reveladas y por lo tanto no puedas ocuparte de ellas.

En lugar de eso, sería mucho más productivo que el reclutador respondiera a las últimas palabras de la primera frase y dijera: "¿No estás hecha para las ventas? Cuéntame más sobre eso". Espera en silencio hasta que la recluta potencial haya tenido la oportunidad de explicar su actitud.

Eres la mejor herramienta de reclutamiento

Es importante hacer espacio para cada objeción que se presenta, para recibir la información antes de responder. En medio de su entusiasmo por hacerlo bien, los vendedores de redes en general intentan interceptar cada objeción al paso sin obtener las percepciones del prospecto sobre el asunto, ya sean incorrectas o no.

Recuerda, la mejor manera de convencer a alguien de que se una a tu negocio es volverte muy exitoso, convertirte en un "programa de atracción". Muy pronto, la gente buscará la oportunidad de ser miembro de tu equipo ganador, en el que puede que tengan que calificar para poder unirse.

Están los que "hablan mucho pero hacen poco" (los teóricos) y los que "predican y aplican"(los practicantes); nada menos que el segundo tipo de estos funcionará. Como sucede con la mayoría de esfuerzos, en el camino al éxito muchas personas escogen renunciar antes de alcanzar la meta. La gente que hace parte de una red que vende procesos de mercadeo tiene que entender que no solo el tiempo garantiza el éxito. Tienen que saber y aceptar que tanto el esfuerzo como el tiempo son necesarios si quieren alcanzar sus metas. No hay un substituto para el esfuerzo constante durante un periodo de tiempo prolongado.

Apéndice B

El comprador de nuevos inmuebles

Este sector de la industria de ventas en particular —el mercado de la vivienda nueva —es bien especial, ¡sobre todo porque una nueva casa es probablemente la compra más cara que cualquiera hará en su vida!

Tal como en algunas otras situaciones de ventas en las que el cliente va al vendedor —comprar un automóvil sería algo similar—, el vendedor del mercado de la vivienda nueva, en general, está sentado en una casa modelo, casi siempre una en medio de un desfile de casas nuevas en construcción, y representa a uno de varios constructores/promotores. Dentro de cada rango de precio —para viviendas sencillas, de gama media y de lujo— la competencia se muestra entusiasta, mientras los clientes comparan un constructor con otro, al igual que con los modelos de casas y los planos para los pisos que se les ofrecen.

Soluciones prácticas a objeciones comunes

Objeción: "Usted no parece estar construyendo en el área en que yo quiero vivir".

Solución: "¿Por qué no comparamos esta área con la que usted prefiere? Tal vez se entere de algunos beneficios que no conocía. Después, si todavía prefiere otra área, al menos sabrá que tuvo en cuenta todos los hechos".

Objeción: "Sus lotes son demasiado pequeños".

Solución: "El terreno en esta municipalidad es muy costoso, así que en general la mayoría de las viviendas nuevas están construidas en lotes un poco más pequeños que los que ha visto en el pasado. La ventaja es que esto impide que los precios se vuelvan inasequibles".

Objeción: "Está demasiado lejos de la ciudad".

Solución: "Consideremos los precios de vivienda nueva más cerca de la ciudad. Como puede ver, son hasta tres veces más altos que los nuestros. Veamos la casa que tendría por $300.000 dólares en la ciudad, comparada con la de nuestra urbanización. Por lo que cuesta una casa de calidad similar en esta ubicación, la casa en la ciudad tiene menos de la mitad del tamaño".

Objeción: "Sigo buscando, así que es un poco difícil que nos sentemos a hablar. Regresaré para que hablemos cuando me haya decidido..." (Esta es probablemente la objeción más común que los vendedores de vivienda nueva tienen que enfrentar).

Solución: "Por supuesto, necesita tiempo para tomar la decisión adecuada. Si accede a sentarse por un par de minutos conmigo y me permite mostrarle alguna información preliminar, y darle una vuelta por el área, ¡entonces se aseguraría de tener toda la información que necesita para tomar la mejor decisión! Si invierte ya mismo diez minutos conmigo, es probable que esto después le ahorre horas, cuando esté listo para tomar una decisión o hacer un compromiso".

Nota: asegúrate de tener algo que en general les interese a los compradores. Podría ser una lista de datos y detalles sobre el área, un folleto educativo que subraye las etapas típicas de la construcción de un hogar o una estrategia de autoayuda como los diez errores más comunes de los compradores de vivienda nueva, etc.

Objeción: "Los cuartos son demasiado pequeños".

Solución: "¿Tiene un interés particular en cuartos más grandes?" Espera la respuesta y responde a los comentarios del cliente. Después pregúntale: "¿Me permite darle la razón para el tamaño de nuestros cuartos?", y sigue con: "Queremos asegurarnos de darle el espacio más grande a las áreas familiares. Nos hemos dado cuenta de que nuestros clientes siempre prefieren cocinas y salas más grandes. Hablemos de sus necesidades únicas, y si todavía quiere cuartos más grandes, podemos ofrecerle un diseño a la medida que se ajuste a sus necesidades específicas".

Objeción: "El paquete completo no es lo más lujoso".

Solución: "Usamos una calidad de paquete completo que tenga una buena relación con el precio. ¡De ninguna manera refleja la dedicación que ponemos en su hogar! Nuestra política permite que más gente pueda acceder a viviendas de buena calidad por un precio razonable, y si usted quiere asignar un dinero extra en algunas características, siempre puede gastar más y mejorar en el paquete completo".

Objeción: "Tengo algunas preocupaciones con respecto a los procesos de construcción, los controles arquitectónicos, etc."

Solución: "Los códigos y controles están ahí para proteger al comprador y al valor de su inversión. Usted no querría que alguien comprara el lote al lado del suyo y pudiera construir una casa mucho más barata usando malos materiales y mano de obra no calificada, ¿no es cierto?"

Objeción: "Con otro constructor me dan un garaje adjunto por el mismo precio".

Solución: "Nosotros establecemos el precio de nuestras casas con mucho cuidado y no tenemos un margen para agregar un garaje sin modificar el precio. Nunca comprometeríamos la calidad de nuestras casas para agregar extras. Si otro constructor está incluyendo un garaje —como una característica en una casa de tamaño y precios comparables —entonces el costo del garaje está saliendo de la casa por algún otro lado. Nosotros ofrecemos otras características en lugar de un garaje adjunto".

Objeción: "Ustedes no tienen suficientes colores básicos de pintura".

Solución: "Ofrecemos cinco colores en vez de 25 y esa es una de las maneras que tenemos para mantener el punto del precio asequible. Por supuesto puede escoger otro color, si está dispuesto a pagar el costo mínimo del cambio".

Objeción: "No quiero vivir en esta zona de la ciudad".

Solución: muchos constructores de vivienda nueva tienen viviendas en construcción en muchas urbanizaciones situadas en distintas áreas de la misma comunidad. Si este es el caso de tu compañía, es importante que se lo hagas saber al cliente pero no hasta que hayas explorado sus razones para querer vivir en una zona en particular y lo que estaría dispuesto a sacrificar para disfrutar de las amenidades de tu área. Habla del crecimiento de la infraestructura en el área y de la relativa asequibilidad y disponibilidad de las viviendas en todos los cuadrantes para compradores por primera vez o compradores dentro de su rango de precios. También puedes considerar hacer que las referencias de terceros estén disponibles.

Objeción: "No quiero una casa de dos pisos".

Solución: Es muy importante explorar las razones de esta petición y después ayudar —mirando los pros y los contras— desde el punto de vista del cliente. Si tus lotes son demasiado pequeños para un bungaló, entonces sé ético y refiérelos a un constructor que respetes.

Puede que tu cliente no esté al tanto de la relación costos-rendimientos de un diseño de dos plantas y que tan solo esté expresando una opinión y no una condición. "Permítame hacerle una pregunta, ¿está interesado en obtener un gran valor por su dinero? Una casa de dos pisos puede darle mucho más espacio habitable por su dinero, porque su "huella" es más pequeña con relación al volumen total".

Objeción: "Nos preocupan los planes a futuro del sistema de transporte público".

Solución: "¿Podría por favor decirme lo que ha escuchado sobre los planes a futuro para el sistema de transporte público? Después discutiremos lo que sabe con certeza". El constructor del proyecto entero, barrio o subdivisión debería poder darle a cada constructor que participa los detalles con respecto a los planes futuros y las intenciones de la municipalidad que afecten a la infraestructura, — como el transporte público y cualquier cosa que incumba a compradores de vivienda nueva, por ejemplo: colegios, hospitales, parques, librerías y acceso o proximidad a otras instalaciones públicas.

Objeción: "Quiero un garaje adjunto".

Solución: "Nosotros no solo diseñamos las casas sino la vista desde el camino de entrada para que la urbanización tenga coherencia y aumente su atractivo. En esta urbanización todos los garajes están separados y ubicados en la parte de atrás de cada lote y se accede a ellos desde una vía pavimentada. Esto permite la construcción de un garaje más grande así como una entrada para el auto más pequeña, lo que inevitablemente significa menos tiempo limpiando nieve durante el invierno".

Objeción: "Hasta ahora no estoy impresionado con sus diseños, pero sí me gustan sus acabados".

Solución: "Veamos lo que usted necesita en su hogar:

» Hagamos una lista de los elementos que debe tener...

» Hagamos una lista de los elementos que le gustaría tener...

» Hagamos una lista de los elementos que le gustaría tener, pero sin los que podría vivir..."

Intenta involucrarlos y mostrarles cómo tu compañía se ajusta a sus necesidades.

Objeción: "¿Por qué el precio del terreno es más alto aquí que en otras comunidades?"

Solución: "Sabemos que el precio de lotes del mismo tamaño varía de un lugar a otro, y aquí, como debería ser en todas partes, el costo del terreno se refleja en el VALOR de la vivienda. En un área como esta, como la ubicación está en auge y en demanda en este momento, tenemos que pagar más por el terreno que urbanizamos".

Soluciones a situaciones con problemas comunes

Situación: los compradores han estado viendo casas todo el día, vienen y solo te piden el folleto.

Solución: es muy probable que estén cansados, abrumados o estresados. No te dejes "llevar" por sus emociones, mantén tu posición de elegancia. Después de darles la información, podrías decir: "¿Por qué no me dan su número de teléfono? Me encantaría seguir en contacto con ustedes después de que hayan tenido tiempo de mirar nuestros folletos y que conversemos sobre cualquier pregunta que puedan tener".

Situación: los compradores que traen amigos prepotentes que hace poco compraron una vivienda usada y creen que lo saben todo.

Solución: lo más probable es que sus amigos quieran probar lo buena que fue la decisión que tomaron. En lugar de estar a la defensiva sobre su "pose", ¡aliéntala! Úsalos para vender los méritos de construir un nuevo hogar. Involúcralos en el proceso de ventas, dales crédito por lo que saben y trátalos con tanto respeto como si fueran tus clientes potenciales. Intenta guiar la conversación. Puedes hacer esto con tacto y gracia de una manera más fácil si les haces preguntas.

Situación: "Otro constructor del otro lado de la calle va a incluir estos incentivos adicionales. ¿USTED qué me va a ofrecer?"

Solución: "Veamos lo que usted necesita en su hogar:

» Hagamos una lista de los elementos que debe tener...

» Hagamos una lista de los elementos que le gustaría tener...

» Hagamos una lista de los elementos que le gustaría tener, pero sin los que podría vivir...".

Intenta involucrarlos y mostrarles cómo tu compañía se ajusta a sus necesidades.

Situación: gente que no escucha y hace la misma pregunta varias veces.

Solución: si la gente hace la misma pregunta más de una vez, no asumas que no están escuchando la respuesta. Con más frecuencia de lo que crees no están haciendo la pregunta adecuada para la información que en realidad están buscando. En esta situación busca claridad repitiendo o parafraseando la pregunta, así: "Entonces lo que me está preguntando es..." y luego continúa con: "¿Qué es exactamente lo que necesita saber sobre esto?" Esto te proporcionará un marco de referencia más amplio para contestar las preguntas de manera clara y eficaz.

Situación: agentes de bienes raíces prepotentes que se comportan de manera maleducada y arrogante.

Solución: toda la gente que es arrogante y prepotente, incluidos los agentes de bienes raíces, está actuando desde una posición de miedo e inseguridad. Si necesitan actuar de manera superior para sentirse "lo suficientemente bien", sé compasivo, perdónalos y sé amable. Recuerda, eres un embajador de tu compañía, trata a todo el mundo como un cliente valorado, incluso a los maleducados.

Situación: los padres del cliente potencial ponen ideas en la cabeza de sus hijos sobre cómo eran las cosas cuando ELLOS compraron su casa y ¡esas historias nunca traen comparaciones favorables!

Solución: respira profundo, sonríe y refiérete a la pregunta anterior. Recuerda, mamá y papá a menudo están ayudando con la cuota inicial, sé muy atento con ellos.

Situación: "¿Qué hago cuando los clientes me dicen que no les gusta mi casa modelo?"

Solución: "Primero, déjame decirte qué no hacer: no te molestes ni reacciones a la defensiva. Mantén tu compostura profesional y di: 'Oh, ¿podrías profundizar en eso? ¿Qué es lo que no te gusta en especial?' Sin importar lo que te digan, no intentes justificar o defender tu posición. ¡Solo agradéceles por la retroalimentación!"

Situación: "¿Qué debería hacer cuando el cliente demuestra interés en un modelo de casa específico y tengo que decirle que no podemos construirlo en el terreno disponible?"

Solución: "No podemos construir esa casa en el lote que usted quiere, pero por qué no hablamos de lo que en verdad le atrae sobre esa casa y tal vez podamos incorporar algunas de esas características a otro de nuestros modelos".

Situación: gente que quiere negociar el precio.

Solución: parece que quieren saber que están obteniendo todo lo posible por el dinero por el que tanto han trabajado. Tranquilízalos sobre el valor de su nuevo hogar. Puede que también quieras explicarles que, a diferencia del mercado de la vivienda usada, tú no inflas el precio de oferta de tus casas para tener un cojín para la negociación.

Situación: vieja reputación. "Amigos y/o familiares han tenido una mala experiencia al comprar una nueva casa. ¿Por qué deberíamos confiar en ti?"

Solución: no evites esta pregunta. ¡Es importante que sepan que tu compañía se hará 100% responsable! Cuando la gente tiene un problema con un constructor, a menudo (y con razón) les cuentan a otros sobre esto. Sin embargo, cuando el problema se resuelve, por desgracia no siempre vuelven y actualizan a todos con quienes hablaron sobre la resolución del problema. "Yo sé que siempre resolvemos cualquier problema que creamos. Mi meta es mantener las líneas de comunicación abiertas para que podamos ocuparnos de cualquier cosa que surja con rapidez. ¡Una porción significativa de nuestros negociosos son el resultado de referencias de clientes felices!"

Situación: "Un cliente hace un cambio que aumenta el tamaño de su proyecto pero asume que el costo se mantendrá igual".

Solución: "Déjeme preguntarle, si hiciera su casa más pequeña, ¿no esperaría pagar menos? Por supuesto que esperaría pagar menos. Hacemos el presupuesto de nuestras casas con mucho cuidado para que sean asequibles y esto le da la opción de mejorar las características que son importantes para usted".

Situación: "El cliente no quiere pagar extra por mejorar los detalles y las puertas".

Solución: remítete a la respuesta anterior. "Déjeme preguntarle, si escogiera un paquete menos lujoso, ¿no esperaría pagar menos...?"

Situación: "Otros constructores permiten cambios más allá de un número específico de días/ fecha límite".

Solución: Esta situación puede y debe ser anticipada y es fácil evitarla con una declaración de políticas clara.

¡Educa! recuérdale a tus clientes desde el comienzo para evitar esto!

Opción: "Hasta cierto punto somos flexibles. Esta política está establecida para reducir los errores y la confusión una vez hayamos empezado. Hace su casa menos costosa porque corregir el plan es supremamente costoso; y tal vez más importante, es que seguirlo nos ayuda a asegurar que podemos entregarle su casa lista a tiempo".

Situación: "¿Por qué habría de interesarme la casa que usted vende?"

Solución: "Porque hacemos que nuestras casas estén disponibles a un precio razonable y esto permite que más familias consideren tener una casa propia. ¡Es lo mejor de dos mundos! Los que quieren tener casa lo pueden hacer a un precio razonable, y los que lo pueden pagar, gastan más en una casa más lujosa".

Accede al poder de la preparación

Aunque estas soluciones propuestas para las objeciones más comunes y las situaciones problemáticas no concuerden con tu propia experiencia o situación, te ayudarán a desarrollar tu propio modelo para ocuparte de objeciones y situaciones problemáticas con más éxito. Recuerda una excelente regla en las ventas: pregunta, no defiendas.